Bernd Wehren

Der Zeichengeräte-Führerschein

Übungsmaterial zu Lineal, Geodreieck und Zirkel

3./4. Klasse

Mit einem Klassensatz farbiger Führerscheine

BRIGG Pädagogik

Hinweis:

Die beiliegenden Führerscheine können Sie
als Klassensatz unter der Bestell-Nr. 548 nachbestellen.

Wegen der besseren Lesbarkeit und Verständlichkeit wurde bei diesen Materialien auf die gleichzeitige Verwendung weiblicher und männlicher Personenbegriffe verzichtet und nur die männliche Form verwendet. Gemeint und angesprochen sind jedoch grundsätzlich beide Geschlechter.

Bildnachweis:

S. 7, 9, 10, 26 Linien zeichnen, Fotos von Marie Müller, Glücksburg

Gedruckt auf umweltbewusst gefertigtem, chlorfrei gebleichtem
und alterungsbeständigem Papier.

1. Auflage 2010
Nach den seit 2006 amtlich gültigen Regelungen der deutschen Rechtschreibung

Illustrationen: Inka Grebner

ISBN 978-3-87101-**547**-2 www.brigg-paedagogik.de

Inhalt

„Zeichengeräte-Führerschein"

Goldener „Zeichengeräte-Führerschein" – Zirkel

Materialien zur Differenzierung und Ergänzung

Einleitung

Mit den Materialien dieses Bandes lernen die Kinder Lineal, Geodreieck und Zirkel richtig einzusetzen und mit Zeichenübungen und Messaufgaben sicherer im Umgang mit diesen Zeichengeräten zu werden.

Die Kinder lernen die ebenen Formen Dreieck, Rechteck, Quadrat und Kreis kennen, zu zeichnen und zu messen. Sie üben freihändig und mit den Zeichengeräten Strecken, Senkrechte, Parallele, Winkel und Kreise zu zeichnen und zu messen. Somit werden wichtige Fähigkeiten und Fertigkeiten im Geometrieunterricht geübt und die Voraussetzungen für einen erfolgreichen Mathematikunterricht der weiterführenden Schulen gewährleistet.

„Der Zeichengeräte-Führerschein" beinhaltet Lernposter, Kopiervorlagen mit vielfältigen, handlungsorientierten Übungen für die Klassen 3 bis 4 sowie einen Klassensatz farbiger Führerscheine (32 Stück).

Auf den **drei Lernpostern** „Das Lineal", „Das Geodreieck", „Der Zirkel", sind alle wichtigen Informationen und grundlegenden Formeln zusammengefasst, so dass das Wissen stets transparent ist und bleibt. Die Lernposter eignen sich sehr gut zum Aufhängen im Klassenraum und auch im Kinderzimmer der Schüler. Tipp: Bei Bedarf sollten die Poster beim Kopieren vergrößert werden.

So können Sie die Kopiervorlagen und farbigen Führerscheine einsetzen:

- als kurze oder lange Unterrichtsreihe „Den sicheren Umgang mit Zeichengeräten lernen",
- in Stationsläufen,
- in der Wochenplanarbeit,
- in der Freiarbeit,
- zu Hause als vorbereitende Aufgabe für eine Zeichengeräte-Führerschein-Prüfung.

Die **Kopiervorlagen** (mit **Lösungen** ab Seite 67) bieten rund um Lineal, Geodreieck und Zirkel Möglichkeiten für freihändige Zeichenübungen, Beschreibung und Handhabung der Zeichengeräte, genaues Zeichnen und Messen mit Größeneinheiten, Bilder genau übertragen, verkleinern und vergrößern, Bastelaufgaben, kleine pfiffige Spiele, Beobachtungen und Fantasie (z. B. Diagramme, Tabellen, optische Täuschungen, Irrgärten, Spielfelder selber zeichnen und erfinden). Zusatzaufgaben auf den Kopiervorlagen gewährleisten einen differenzierten Geometrieunterricht („Das kannst du auch noch machen").

Nach jedem erfolgreich bearbeiteten Arbeitsblatt für die Zeichengeräte-Führerscheine dürfen die Kinder einer der drei Leitfiguren „Leo Lineal", „Gabi Geodreieck" oder „Zacharias Zirkel" einen lachenden Mund ins Gesicht malen, oder Sie beurteilen die Bearbeitung mit einem gemalten Mund.

Leo Lineal

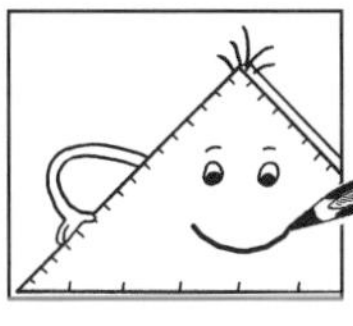

Gabi Geodreieck

Zacharias Zirkel

Die Kopiervorlagen ab Seite 52 sind eine sinnvolle Ergänzung des Zeichengeräte-Führerschein-Materials zur inneren Differenzierung.

Selbstkontrollblätter können Sie schnell anfertigen, indem Sie die Arbeitsblätter selbst bearbeiten, und zur Kontrolle im Klassenraum auslegen.

Jedes Kind erhält einen farbigen **Zeichengeräte-Führerschein**. Der Führerschein kann im Etui oder gesammelt in der Klasse aufbewahrt werden. Zur Kontrolle hinsichtlich der Kriterien für die Führerscheine sollten Sie unbedingt die „Klassenliste zum Abhaken der bestandenen Zeichengeräte-Führerschein-Prüfungen“ (Seite 64) kopieren und griffbereit aufbewahren. Tragen Sie dort die Namen Ihrer Schüler ein und haken Sie bestandene Prüfungskriterien ab. Haben einige Schüler z. B. ihre erste Prüfung bestanden, können Sie deren Führerscheine abhaken, datieren, unterschreiben und den Kindern zur Aufbewahrung im Etui zurückgeben.

Der Zeichengeräte-Führerschein gliedert sich in Bronze-Übungen (Lineal), Silber-Übungen (Lineal und Geodreieck) und Gold-Übungen (Lineal, Geodreieck und Zirkel), die systematisch aufeinander aufbauen und die die Kinder nacheinander bearbeiten.

Wenn ein Schüler die Arbeitsblätter zum Bronzenen Zeichengeräte-Führerschein erfolgreich bearbeitet hat, folgt als Vorbereitung auf die Prüfung eine Generalprobe mit prüfungsähnlichen Aufgaben. Nach erfolgreicher Generalprobe kommt die Prüfung. Hat der Schüler alle Prüfungsaufgaben bestanden, erhält er den von Ihnen datierten und unterschriebenen Bronzenen Zeichengeräte-Führerschein mit den 7 abgehakten Prüfungsteilen. Beim Silbernen und Goldenen Zeichengeräte-Führerschein verfahren Sie genauso.

Nach einer Generalprobe schreiben Sie leistungsschwächeren Schülern Prüfungs-Tipps auf ihr Aufgabenblatt und geben ihnen die Möglichkeit, die Generalprobe zu wiederholen.

Bieten Sie auch Nachprüfungstermine für Schüler an, denen z. B. nur noch wenige Prüfungsteile bis zu einer bestandenen Prüfung fehlen.

Neben den farbigen Zeichengeräte-Führerscheinen erhalten die Kinder zum Abschluss eine **Urkunde** mit „Leo Lineal“, „Gabi Geodreieck“ und „Zacharias Zirkel“.

Viel Spaß und Erfolg mit dem Zeichengeräte-Führerschein wünscht Ihnen und Ihren Schülern

Bernd Wehren

Das Lineal (Lernposter)

Das **Lineal** ist ein Zeichengerät. Es ist ein Hilfsmittel zum Zeichnen von geraden Linien und Strecken. Mithilfe der Skala kannst du Längen von Linien und Strecken messen.

Leo Lineal

Der erste Strich auf der Millimeter-Skala ist gleichzeitig die „0“ auf dem Lineal.
Die Zentimeterzahlen (1 cm, 2 cm, 3 cm usw.) sind auf der Skala des Lineals angezeigt.
Zwischen den Zentimeterstrichen sind die kürzeren Millimeterstriche (= mm) zu sehen.
Merke dir: 1 cm = 10 mm.

So zeichnest du gerade Linien und Strecken:

1. Spitze den Bleistift vor dem Zeichnen an.
2. Halte das Lineal mit mehreren Fingern fest, wenn du zeichnest.
3. Starte immer bei der „0“ oder dem ersten Strich der Skala, und ziehe dann mit dem Bleistift entlang der Kante des Lineals eine Linie.

So legst du beim Messen das Lineal an eine Strecke:

1. Beim Messen der Länge einer Strecke musst du die „0“ oder den ersten Strich der Skala an den Anfangspunkt der Strecke legen.
2. Am Endpunkt der Strecke liest du den Wert auf der Skala ab.

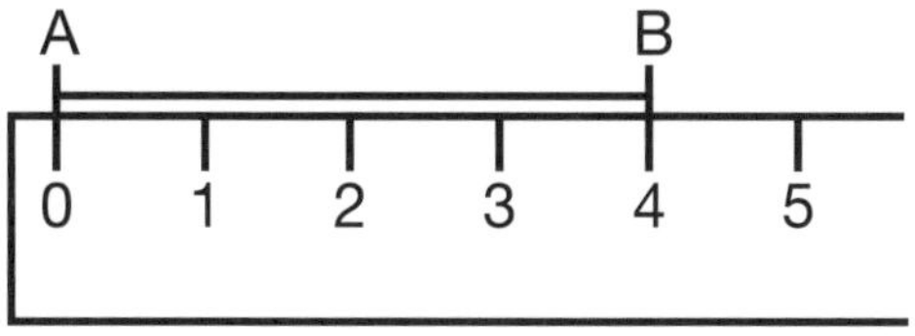

Merke dir: Die Länge einer geraden Linie, einer Geraden oder eines Strahls kannst du nicht messen, weil sie unendlich lang sind.

Strecke:
Gerade Linie, Gerade:
Strahl:

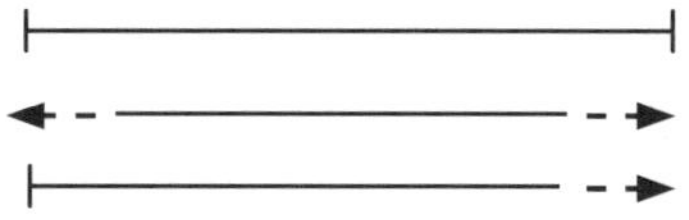

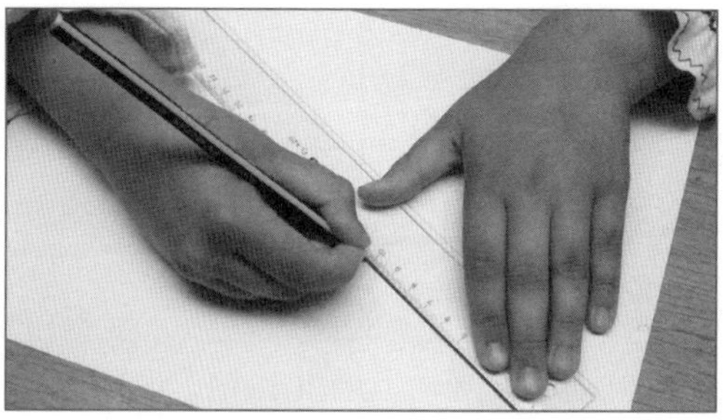

Längenmaße:

Millimeter = mm
Zentimeter = cm
Dezimeter = dm
Meter = m
Kilometer = km

10 mm = 1 cm = 0,01 m
100 cm = 10 dm = 1 m
100 mm = 10 cm = 1 dm = 0,1 m
1000 m = 1 km

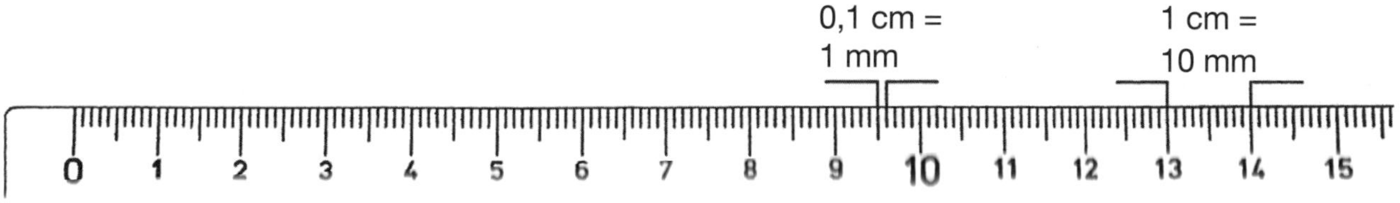

Bernd Wehren: Der Zeichengeräte-Führerschein · Best.Nr. 547

Freihandzeichnen

1. Zeichne ohne Lineal, Geodreieck oder Zirkel die Formen und Muster weiter. Verwende verschiedene Stifte: spitzen und stumpfen Bleistift, Füller, Buntstift und Filzstift.
2. Welche Vor- und Nachteile haben spitzer, stumpfer Bleistift, Füller und Co? Erzähle.

a) 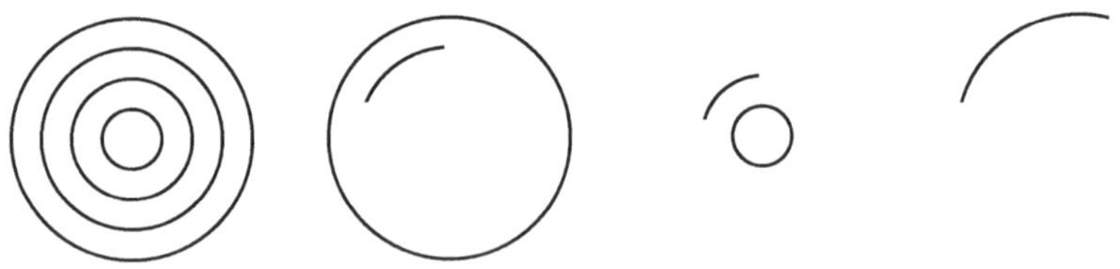

b) 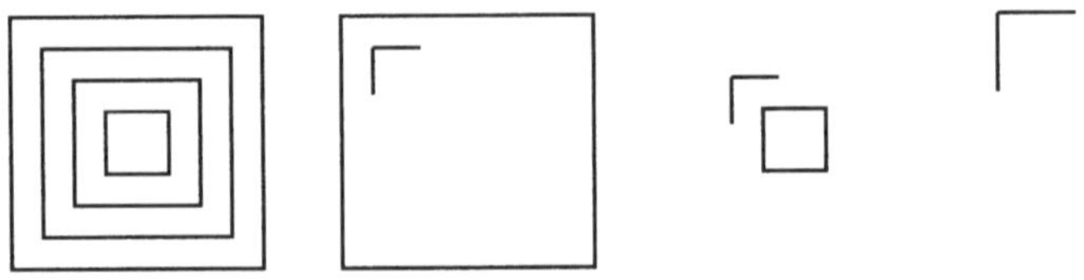

c) 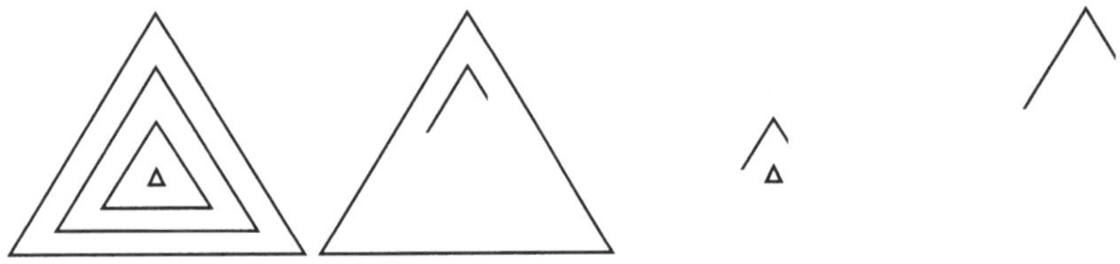

d) 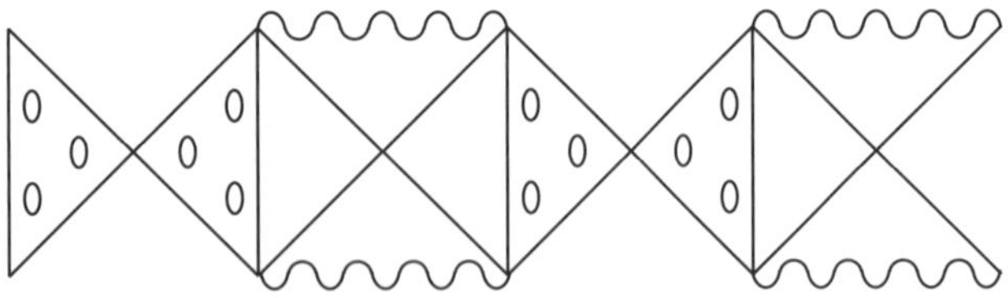

e) 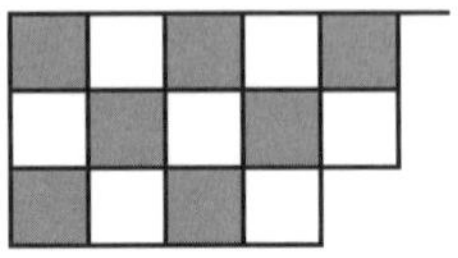

3. Das Radiergummi-Training: Schreibe deinen Vor- und Nachnamen mit geschlossenen Augen in Druckschrift auf die Linie.

Öffne deine Augen und radiere ungenaue und unsaubere Buchstaben aus, ohne das Papier zu zerknittern. Verbessere. Erkläre, wie man am besten radiert.

Fertig? Dann male Leo Lineal einen lachenden Mund ins Gesicht.

Das kannst du auch noch machen:

4. Zeichne mit Bleistift die Umrisse von diesen Dingen: Etui, Radiergummi, Mathebuch, Anspitzer. Wer errät, was es ist?
5. Zeichne weitere Umrisse von anderen Dingen.

Mit dem Lineal frei zeichnen (I)

1. Zeichne mit dem Lineal und angespitztem Bleistift:
   a) kurze und lange Linien

INFO-BOX

Eine gerade Linie ist eine dünne Linie, die unendlich lang sein kann (= Gerade).

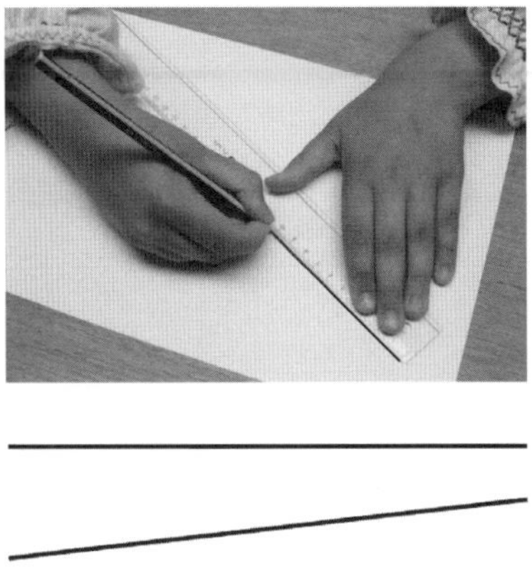

   b) Zick-Zack-Linien

   c) Dreiecke und Vierecke

2. Radiere einige Linien sauber aus, ohne das Papier zu zerknittern.
   Zeichne die Linien noch einmal.

Das kannst du auch noch machen:

3. Wer schafft es, ein Fünfeck, Sechseck, Siebeneck, Achteck usw. zu zeichnen?
4. Das „Kreuzen verboten! - Spiel":
   Kind A zeichnet mit dem Tafellineal und Kreide eine Linie an die Tafel. Kind B zeichnet die zweite Linie und beginnt am Endpunkt der ersten Linie. Kind C zeichnet die dritte Linie und beginnt am Endpunkt der zweiten Linie. Wie viele Linien zeichnet ihr, bis sich die Linien kreuzen: 10, 20 oder sogar 30 Linien?
5. Das „Kreuzen verboten! - Spiel" könnt ihr auch in kleinen Gruppen mit angespitztem Bleistift und Lineal auf Papier spielen.

Mit dem Lineal frei zeichnen (II)

1. Zeichne mit dem Lineal und angespitztem Bleistift:
   a) dein Traumhaus, b) dein Traumfahrzeug, c) deinen Traumflieger und/oder
   d) dein Traumschiff.

INFO-BOX

Eine gerade Linie ist eine dünne Linie, die unendlich lang sein kann (= Gerade).

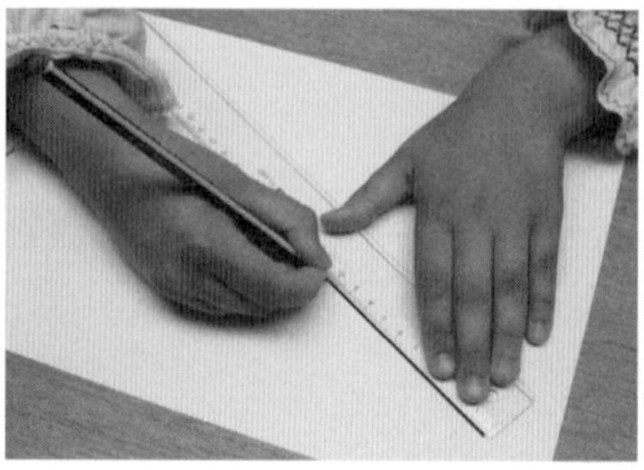

Das kannst du auch noch machen:

2. Das „Was ist das? - Spiel“:
   Ein Kind zeichnet mit dem Tafellineal und Kreide einen Gegenstand, eine Pflanze oder ein Tier an die Tafel. Wer das Bild zuerst errät, darf das nächste Bild zeichnen.
3. Das „Was ist das? - Spiel“ könnt ihr auch in kleinen Gruppen mit angespitztem Bleistift und Lineal auf Papier spielen.

Bernd Wehren: Der Zeichengeräte-Führerschein · Best.Nr. 547

Mit dem Lineal Strecken zeichnen (I)

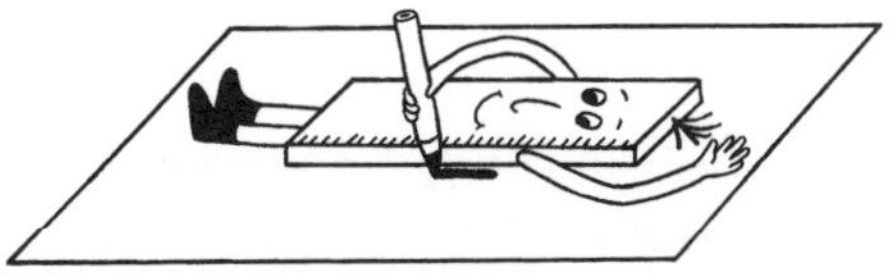

1. Zeichne verschieden lange Strecken. Markiere den Anfangspunkt und den Endpunkt jeder Strecke mit kleinen Strichen und verschiedenen Buchstaben (siehe Info-Box).

INFO BOX

Eine Strecke ist eine gerade Linie, die durch zwei Punkte begrenzt ist. Starte beim Zeichnen mit dem Bleistift immer bei der „0" auf dem Lineal.

A ├────────────┤ B

$\overline{AB}$ = 4 cm = 40 mm

2. Zeichne diese Strecken (cm = Zentimeter):
   a) $\overline{AB}$ = 4 cm, b) $\overline{CD}$ = 5 cm, c) $\overline{EF}$ = 6 cm, d) $\overline{GH}$ = 8 cm,
   e) $\overline{IJ}$ = 10 cm, f) $\overline{KL}$ = 1 cm, g) $\overline{MN}$ = 9 cm, h) $\overline{OP}$ = 3 cm.

INFO-BOX

1 cm = 10 mm
10 mm = 1 cm
100 mm = 10 cm
10 cm = 100 mm

Das kannst du auch noch machen:

3. Das „Strecken-Zeichnen-Spiel":
   Bildet Spielgruppen. Ein Kind in jeder Gruppe nennt eine Streckenlänge, z. B.: „4 Zentimeter". Die restlichen Kinder der Gruppe zeichnen nun die Strecke mit der genannten Länge, wobei sie als „Lineal" einen Buntstift oder ein Buch benutzen müssen und somit die Länge der Strecke schätzen müssen. Überprüft die Streckenlängen mit einem Lineal. Wer die Länge der Strecke am besten gezeichnet und geschätzt hat, erhält einen Punkt. Nun nennt das nächste Kind eine Streckenlänge. Gewonnen hat, wer zuerst 5 Punkte hat.

Mit dem Lineal Strecken zeichnen (II)

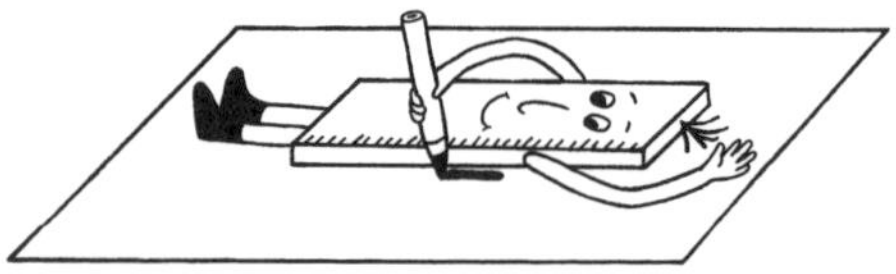

1. Zeichne diese Strecken (mm = Millimeter):
   a) $\overline{AB}$ = 18 mm, b) $\overline{CD}$ = 29 mm, c) $\overline{EF}$ = 45 mm,
   d) $\overline{GH}$ = 73 mm, e) $\overline{IJ}$ = 94 mm, f) $\overline{KL}$ = 104 mm.

INFO-BOX

Eine Strecke ist eine gerade Linie, die durch zwei Punkte begrenzt ist. Starte beim Zeichnen mit dem Bleistift immer bei der „0“ auf dem Lineal.

A ├──────────┤ B

$\overline{AB}$ = 4 cm = 40 mm

INFO-BOX

1 cm = 10 mm
10 mm = 1 cm
100 mm = 10 cm
10 cm = 100 mm

INFO-BOX

Die Zahl **vor** dem Komma ist die Anzahl der Zentimeter (cm).
Die Zahl **hinter** dem Komma ist die Anzahl der Millimeter (mm).
5,3 cm = 5 cm und 3 mm
4,7 cm = 4 cm und 7 mm
0,6 cm = 0 cm und 6 mm

2. Zeichne diese Strecken:
   a) $\overline{AB}$ = 3,6 cm, b) $\overline{CD}$ = 2,5 cm, c) $\overline{EF}$ = 0,8 cm, d) $\overline{GH}$ = 1,7 cm,
   e) $\overline{IJ}$ = 4,2 cm, f) $\overline{KL}$ = 2,0 cm, g) $\overline{MN}$ = 3,1 cm, h) $\overline{OP}$ = 0,4 cm.

Das kannst du auch noch machen:

3. Das „Strecken-Zeichnen-Spiel“:
   Bildet Spielgruppen. Ein Kind in jeder Gruppe nennt eine Streckenlänge, z. B.: „4 Zentimeter“, „37 Millimeter“ oder „6 Komma 2 Zentimeter“.
   Die restlichen Kinder der Gruppe zeichnen nun die Strecke mit der genannten Länge, wobei sie als „Lineal“ einen Buntstift oder ein Buch benutzen müssen und somit die Streckenlänge schätzen müssen. Überprüft die Streckenlängen mit einem Lineal. Wer die Länge der Strecke am besten gezeichnet und geschätzt hat, erhält einen Punkt. Nun nennt das nächste Kind eine Streckenlänge. Gewonnen hat, wer zuerst 5 Punkte hat.

Mit dem Lineal Strecken messen (I)

1. Wie lang sind diese Strecken?
   Schätze zuerst. Miss dann die Streckenlänge mit dem Lineal.
   Schreibe die Längen auf.

A B

$\overline{AB}$ = geschätzt ________ / gemessen ________

C D

$\overline{CD}$ = ________ / ________

E F

$\overline{EF}$ = ________ / ________

G H

$\overline{GH}$ = ________ / ________

I J

$\overline{IJ}$ = ________ / ________

K L

$\overline{KL}$ = ________ / ________

M N

$\overline{MN}$ = ________ / ________

INFO-BOX

Lege beim Messen die „0“ vom Lineal immer an den Anfangspunkt der Strecke.

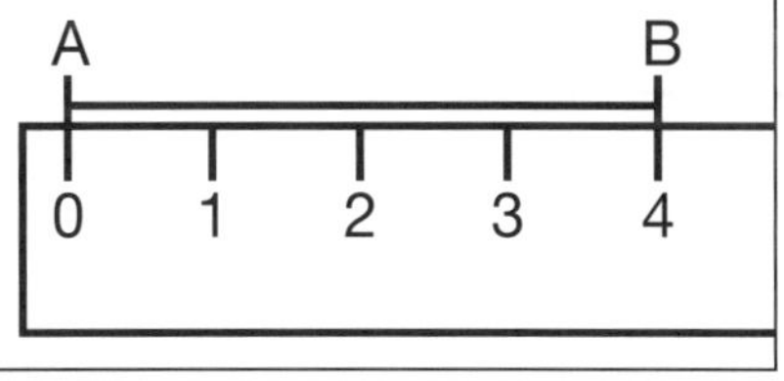

INFO-BOX

1 cm = 10 mm
10 mm = 1 cm
100 mm = 10 cm
10 cm = 100 mm

INFO-BOX

Die Zahl **vor** dem Komma ist die Anzahl der Zentimeter (cm).
Die Zahl **hinter** dem Komma ist die Anzahl der Millimeter (mm).
5,3 cm = 5 cm und 3 mm
4,7 cm = 4 cm und 7 mm
0,6 cm = 0 cm und 6 mm

Das kannst du auch noch machen:

2. Das „Strecken-Schätz-Spiel“:
   Bildet Spielgruppen. Ein Kind in jeder Gruppe zeichnet mit dem Lineal und angespitztem Bleistift eine Strecke auf Papier, während die restlichen Kinder der Gruppe die Augen schließen. Das Kind nimmt das Lineal weg, die anderen Kinder öffnen die Augen und schätzen, wie lang die Strecke ist. Wer am besten geschätzt hat, erhält einen Punkt. Nun zeichnet das nächste Kind. Gewonnen hat, wer zuerst 5 Punkte hat.

Mit dem Lineal Strecken messen (II)

1. Wie lang sind diese Strecken?
   Schätze zuerst. Miss dann die Streckenlänge mit dem Lineal.
   Schreibe die Längen auf.

$\overline{AB}$ = geschätzt ________ / gemessen ________

$\overline{CD}$ = ________ / ________

$\overline{EF}$ = ________ / ________

$\overline{GH}$ = ________ / ________

$\overline{IJ}$ = ________ / ________

$\overline{ST}$ = ________ / ________

$\overline{UV}$ = ________ / ________

$\overline{QR}$ = ________ / ________

$\overline{OP}$ = ________ / ________

$\overline{MN}$ = ________ / ________

$\overline{KL}$ = ________ / ________

INFO-BOX

Lege beim Messen die „0“ vom Lineal immer an den Anfangspunkt der Strecke.

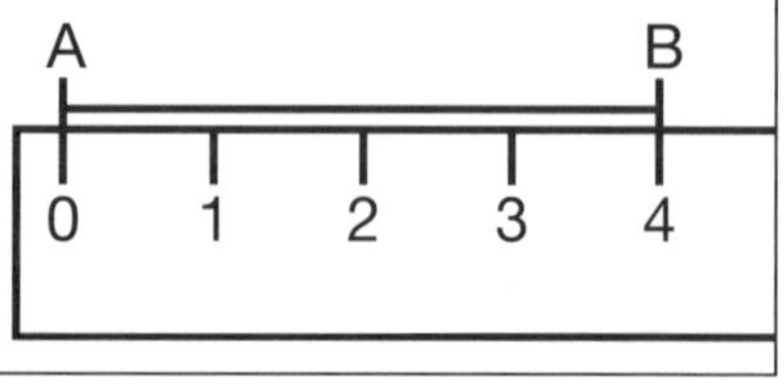

INFO-BOX

1 cm = 10 mm
10 mm = 1 cm
100 mm = 10 cm
10 cm = 100 mm

INFO-BOX

Die Zahl **vor** dem Komma ist die Anzahl der Zentimeter (cm).
Die Zahl **hinter** dem Komma ist die Anzahl der Millimeter (mm).
5,3 cm = 5 cm und 3 mm
4,7 cm = 4 cm und 7 mm
0,6 cm = 0 cm und 6 mm

Das kannst du auch noch machen:

2. Das „Strecken-Schätz-Spiel“:
   Bildet Spielgruppen. Ein Kind in jeder Gruppe zeichnet mit dem Lineal und angespitztem Bleistift eine Strecke auf Papier, während die restlichen Kinder der Gruppe die Augen schließen. Das Kind nimmt das Lineal weg, die anderen Kinder öffnen die Augen und schätzen, wie lang die Strecke ist. Wer am besten geschätzt hat, erhält einen Punkt. Nun zeichnet das nächste Kind. Gewonnen hat, wer zuerst 5 Punkte hat.

Mit dem Lineal Strecken messen (III)

1. Wie lang sind diese Strecken?
   Schätze zuerst. Miss dann die Streckenlängen mit dem Lineal.
   Schreibe die Längen auf.

$\overline{AB} + \overline{BC}$ = Schätzung______ /

Messung ______ + ______ = ______

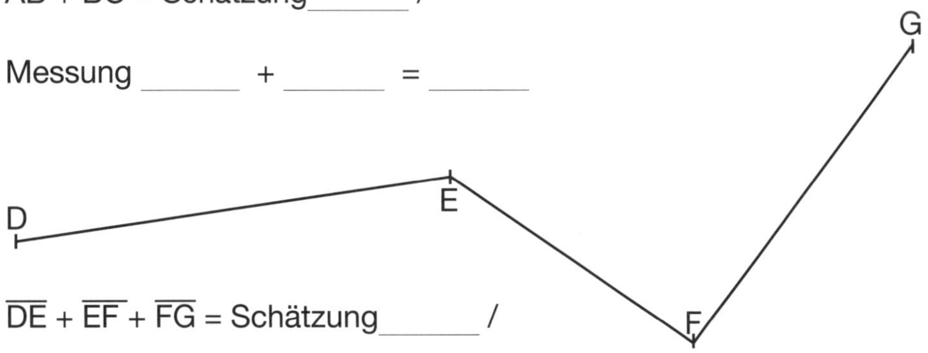

$\overline{DE} + \overline{EF} + \overline{FG}$ = Schätzung______ /

Messung ______ + ______ + ______ = ______

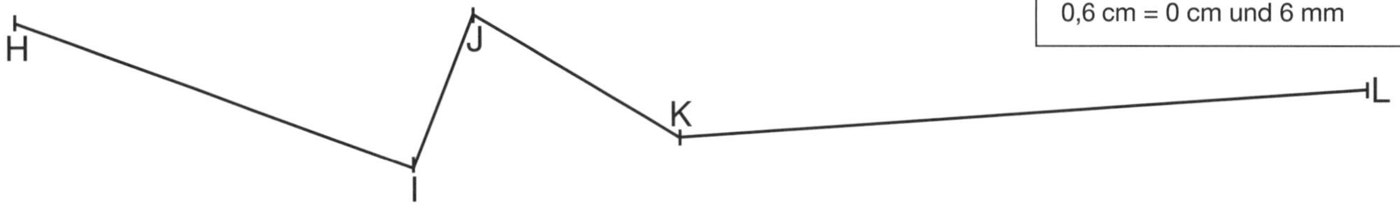

$\overline{HI} + \overline{IJ} + \overline{JK} + \overline{KL}$ = Schätzung______ /

Messung ______ + ______ + ______ + ______ = ______

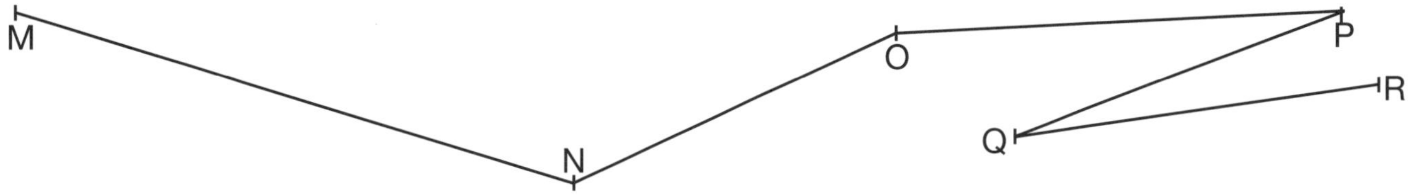

$\overline{MN} + \overline{NO} + \overline{OP} + \overline{PQ} + \overline{QR}$ = Schätzung______ /

Messung ______ + ______ + ______ + ______ + ______ = ______

INFO-BOX

Lege beim Messen die „0“ vom Lineal immer an den Anfangspunkt der Strecke.

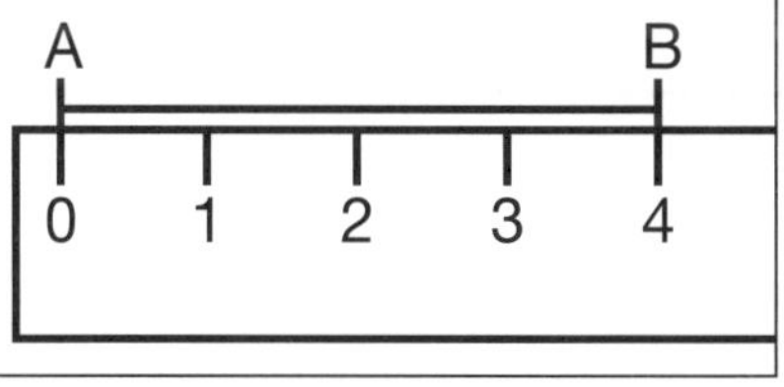

INFO-BOX

Die Zahl **vor** dem Komma ist die Anzahl der Zentimeter (cm).
Die Zahl **hinter** dem Komma ist die Anzahl der Millimeter (mm).
5,3 cm = 5 cm und 3 mm
4,7 cm = 4 cm und 7 mm
0,6 cm = 0 cm und 6 mm

Das kannst du auch noch machen:

2. Das „Strecken-Schätz-Spiel“:
   Bildet Spielgruppen. Ein Kind in jeder Gruppe zeichnet mit dem Lineal und angespitztem Bleistift eine Strecke auf Papier, während die restlichen Kinder der Gruppe die Augen schließen. Das Kind nimmt das Lineal weg, die anderen Kinder öffnen die Augen und schätzen, wie lang die Strecke ist. Wer am besten geschätzt hat, erhält einen Punkt. Nun zeichnet das nächste Kind. Gewonnen hat, wer zuerst 5 Punkte hat.

Mein „Körperlineal“

1. Miss die Länge deiner Körperteile. Schreibe die Längen auf.

Armspanne

_______________ cm

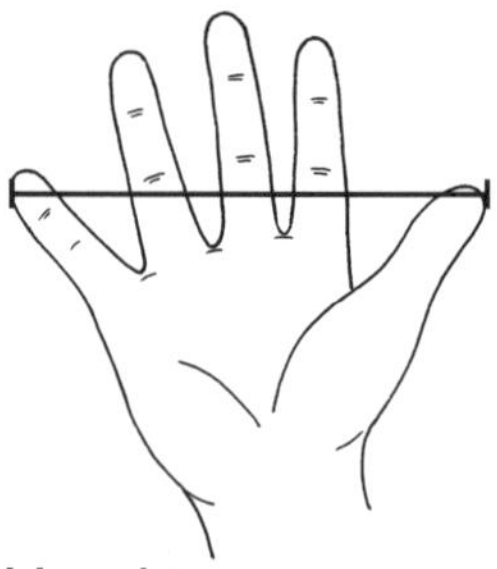

Handspanne

_______________ cm

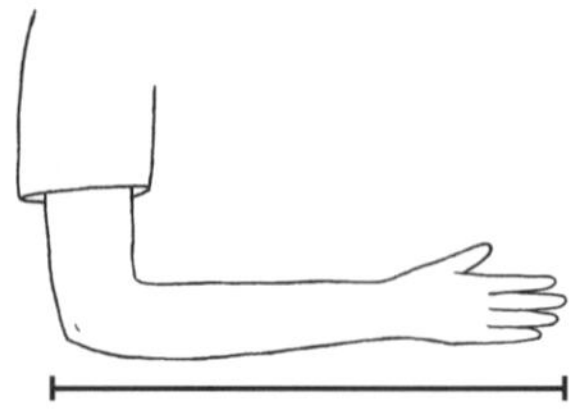

Elle

_______________ cm

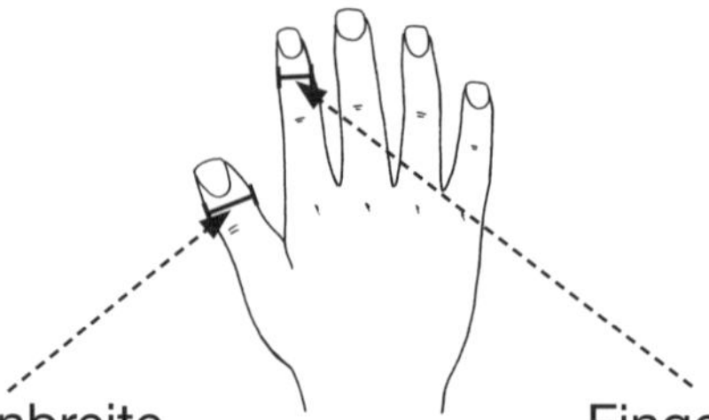

Daumenbreite

_______________ cm

Fingerbreite

_______________ cm

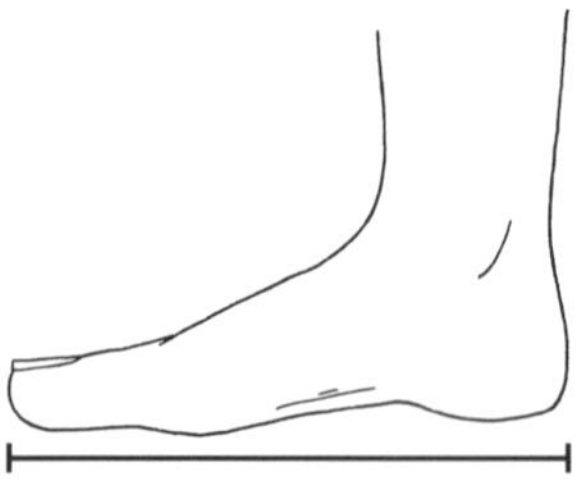

Fußlänge

_______________ cm

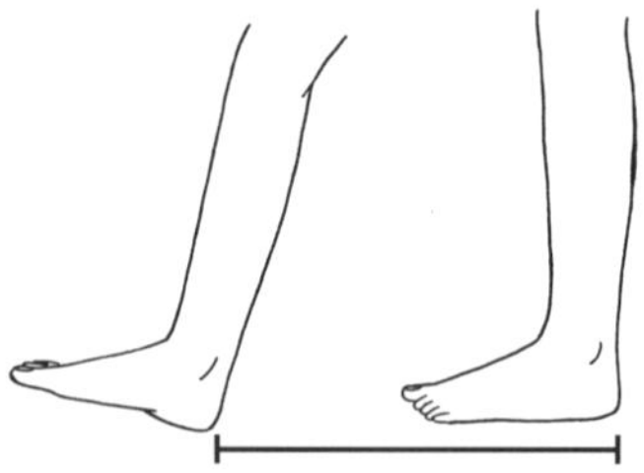

Schrittlänge

_______________ cm

2. Warum ist es sinnvoll, dass du dir die verschiedenen Längen deiner Körperteile merkst? Schreibe die Gründe auf.

____

____

Das kannst du auch noch machen:

3. Vergleicht eure „Körperlineale“. Wer hat die längste oder kürzeste Armspanne usw.?
4. Das „Körperlineal-Spiel“:
   Messt euren Bleistift, Tisch, Schulflur, Klassenraum, Schulhof usw. mit eurem „Körperlineal“. Womit messt ihr was? Überprüft nun mit Lineal, Zollstock, Maßband usw. Tragt alles in die Tabelle ein (S. 66). Wessen „Körperlineal“ hat am genauesten gemessen?
5. Welches Körperteil eignet sich als Messgerät am besten? Warum?

Mit „Körperlineal“ und Lineal messen

1. Wie lang und breit sind deine Schulsachen?
   a) Miss diese Dinge mit deinem „Körperlineal“ (= KL):
   mit der Fingerbreite ______ cm
   oder mit der Handspanne ______ cm.
   b) Überprüfe mit deinem Lineal (= L).
   Schreibe die Längen auf.

INFO-BOX

Lege beim Messen die „0“ vom Lineal immer an den Anfangspunkt der Strecke.

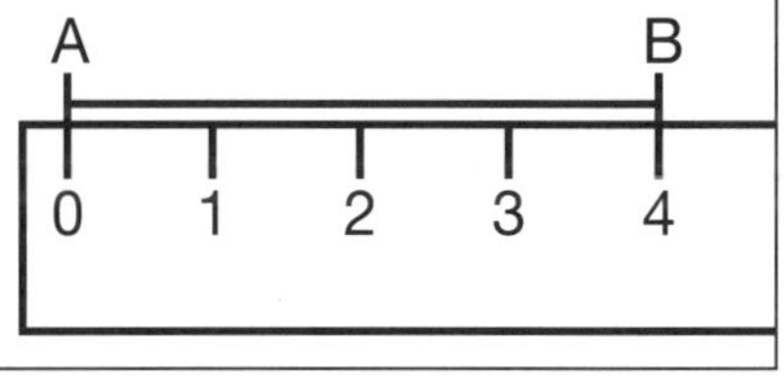

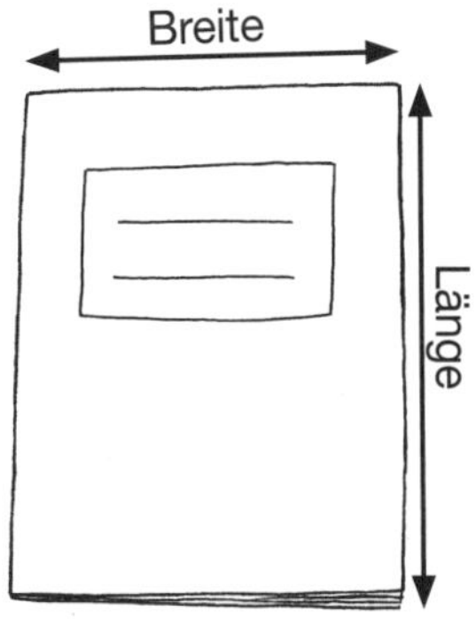

Schulheft

Länge = KL ______ L ______
Breite = KL ______ L ______

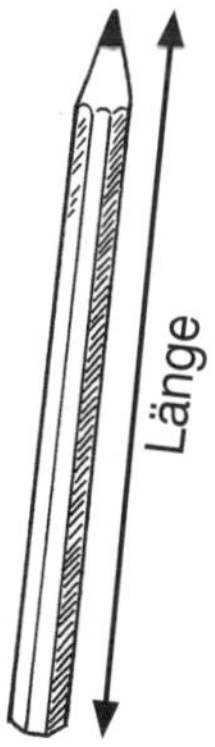

Bleistift

Länge = KL ______ L ______
Breite = KL ______ L ______

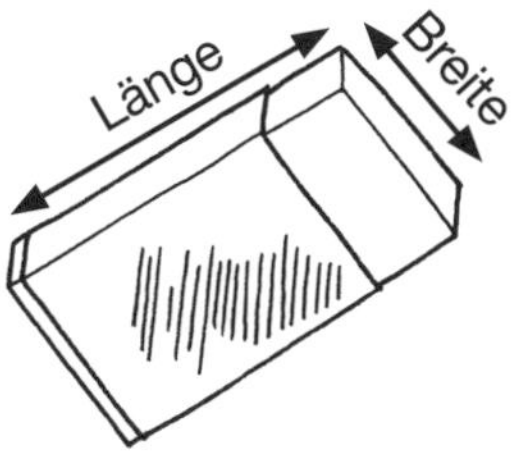

Radiergummi

Länge = KL ______ L ______
Breite = KL ______ L ______

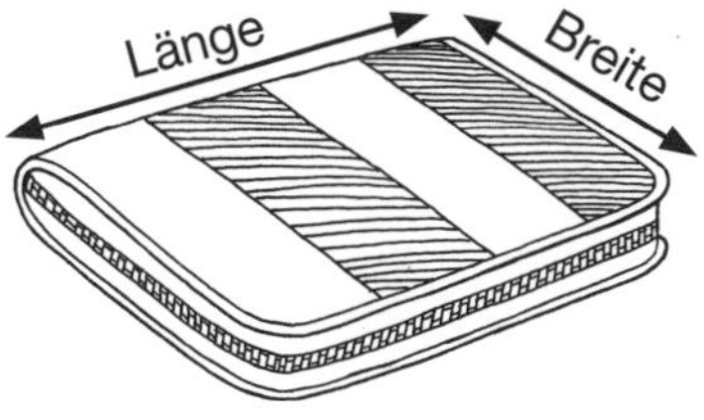

Etui

Länge = KL ______ L ______
Breite = KL ______ L ______

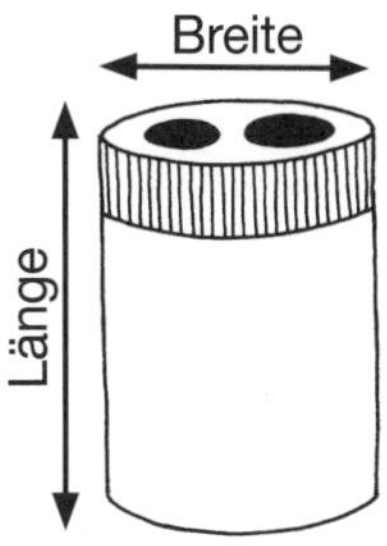

Anspitzer

Länge = KL ______ L ______
Breite = KL ______ L ______

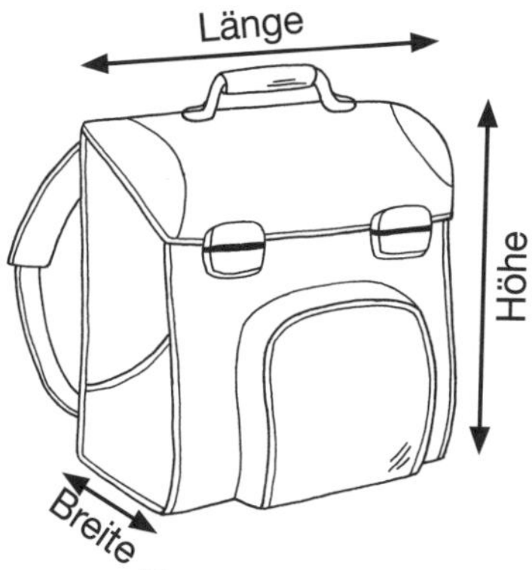

Ranzen

Länge = KL ______ L ______
Breite = KL ______ L ______
Höhe = KL ______ L ______

Das kannst du auch noch machen:

2. Das „Körperlineal-Spiel“:
   Messt euren Tisch, Schulflur, Klassenraum, Schulhof usw. mit eurem gesamten „Körperlineal“. Womit messt ihr was? Überprüft nun mit Lineal, Zollstock, Maßband usw. Tragt alles in die Tabelle ein (S. 66). Wessen „Körperlineal“ hat am genauesten gemessen?

Bernd Wehren: Der Zeichengeräte-Führerschein · Best.Nr. 547

Knobel-Messungen

1. Wie kannst du die Länge der Linien aus der 2. Aufgabe messen? Schreibe deine Idee auf. (Hilfswörter: Lineal, Schere, Bleistift, legen, markieren, Wollfaden, zeichnen, genau anlegen, Klebestreifen …)

____

____

2. Wie lang sind diese Linien? Schätze zuerst. Miss nach. Schreibe die Längen auf.

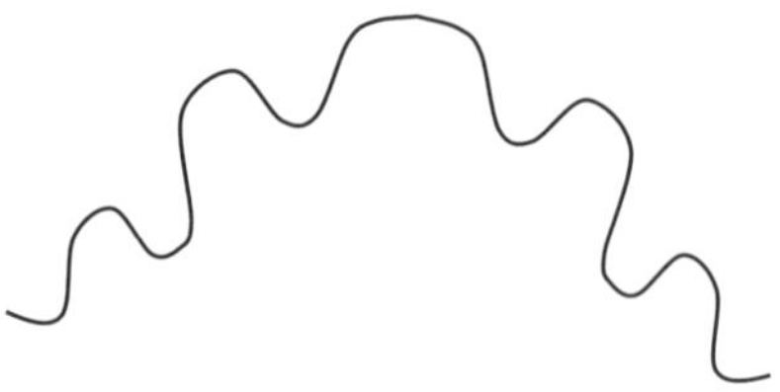

geschätzt: ______________

gemessen: ______________

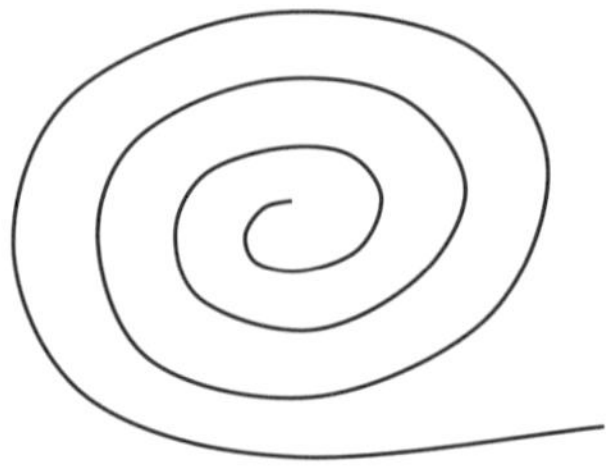

geschätzt: ______________

gemessen: ______________

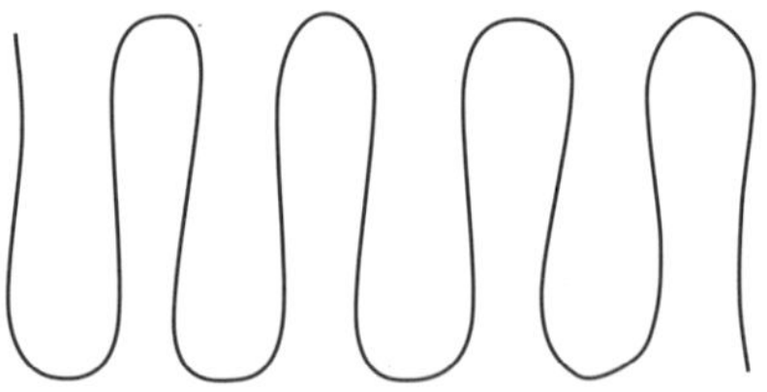

geschätzt: ______________

gemessen: ______________

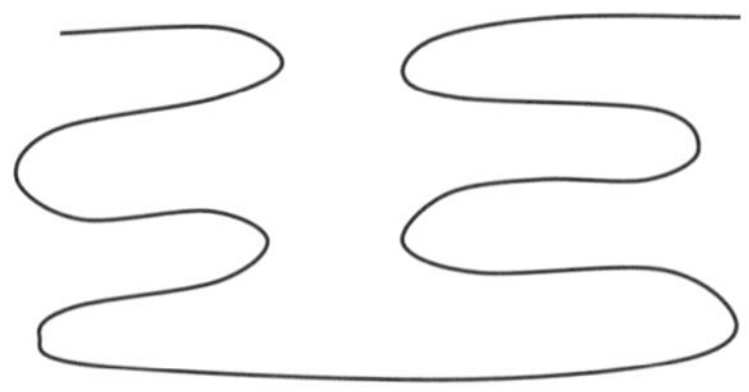

geschätzt: ______________

gemessen: ______________

3. Wann muss man genau messen? Und wann reicht eine grobe Schätzung? Schreibe verschiedene Situationen auf.

____

____

Das kannst du auch noch machen:

4. Das „Linien-Wirrwarr-Schätz-Spiel“: Bildet Spielgruppen. Zeichnet Wirrwarr-Linien wie oben auf Kartei-Karten. Messt die Linien mithilfe von Faden und Lineal nach und schreibt die Längen auf die Rückseiten der Karten. Der Kartenstapel wird mit den gezeichneten Linien nach oben in die Tischmitte gelegt. Jedes Kind darf einen Längen-Tipp abgeben. Wer am genausten getippt hat, erhält die Karte. Gewonnen hat, wer zuerst 3 Karten hat.
5. Miss die Höhe und Breite dieser Blätter in verschiedenen DIN-Größen: A4, A5, A6, A7. Was fällt dir auf? Warum ist das wohl so? Kannst du beim Falten eines DIN-A4-Blattes die kleineren DIN-Größen herstellen? Probiere. Warum sind die DIN-Größen genau festgelegt worden?

Bernd Wehren: Der Zeichengeräte-Führerschein · Best.Nr. 547

Mit dem Lineal Bilder genau übertragen

1. Übertrage die Bilder mit Lineal und Bleistift. Male sie in denselben Farben aus.

a)

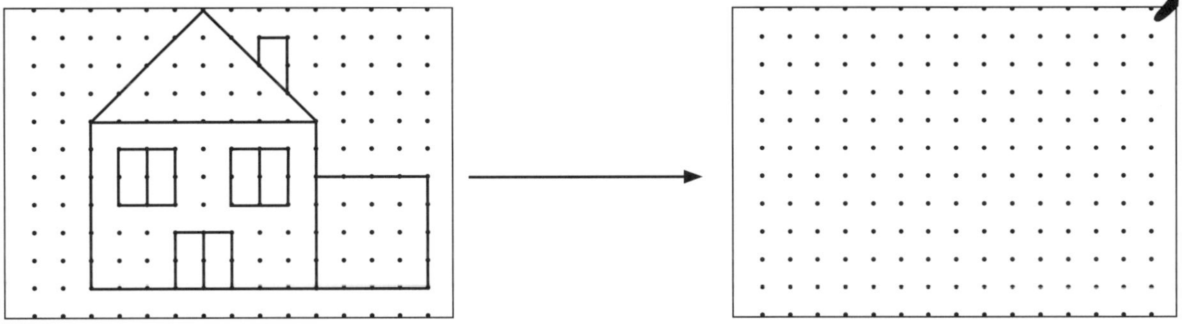

b)

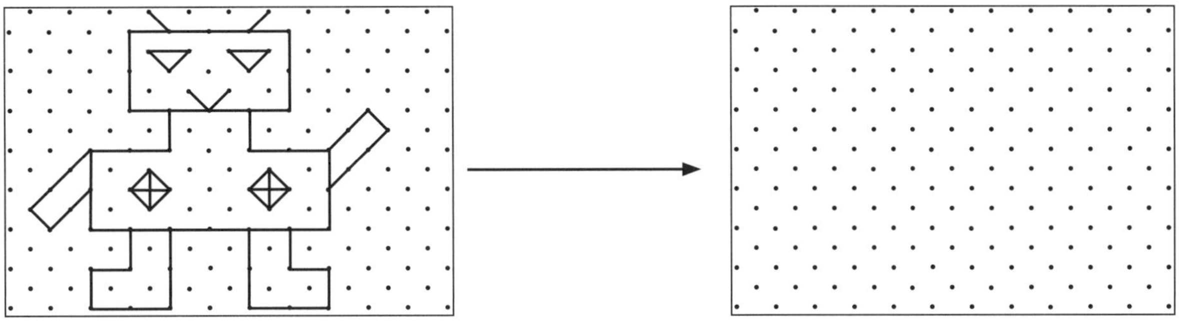

c)

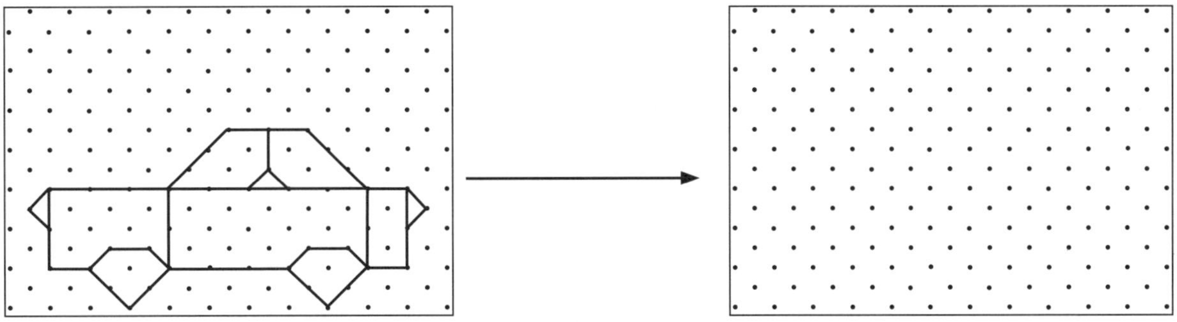

Das kannst du auch noch machen:

2. Male ein eigenes Bild mit dem Lineal.
   Übertrage es dann. Male beide Bilder in denselben Farben aus.

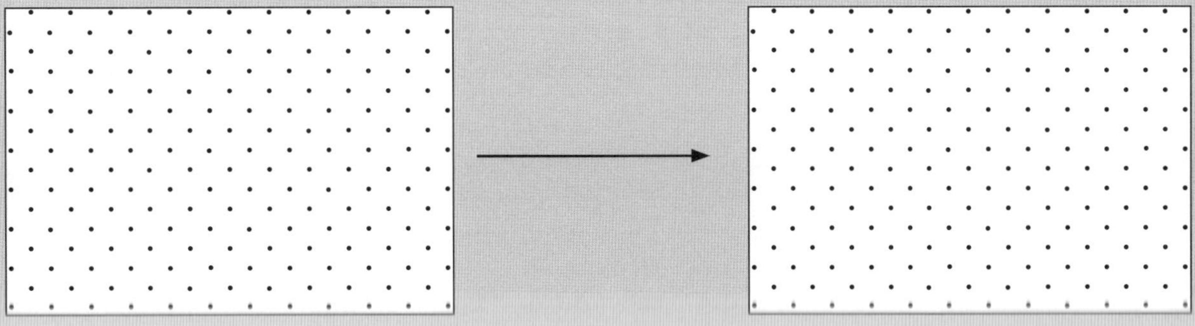

Mit dem Lineal Bilder verkleinern

1. Verkleinere diese Figuren um die Hälfte. Male sie in denselben Farben aus.

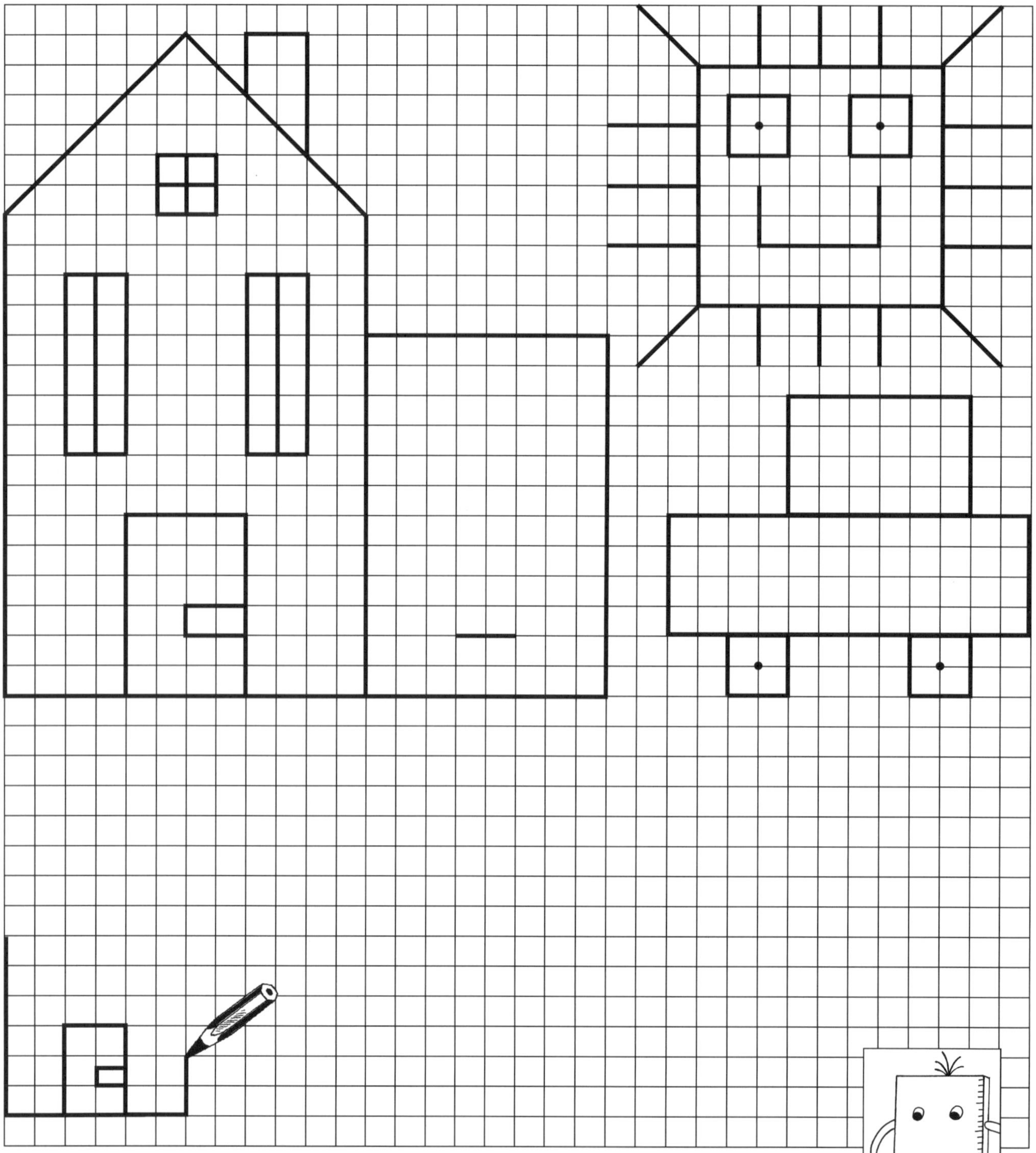

Das kannst du auch noch machen:

2. Zeichne ein eigenes Bild mit dem Lineal in dein kariertes Mathe-Heft. Verkleinere es um die Hälfte. Male beide Bilder in denselben Farben aus.
3. Zeichne deinen Vornamen mit Bleistift und Lineal ins Heft. Vergrößere ihn um das Doppelte.

Mit dem Lineal Bilder vergrößern

1. Vergrößere diese Figuren um das Doppelte. Male sie in denselben Farben aus.

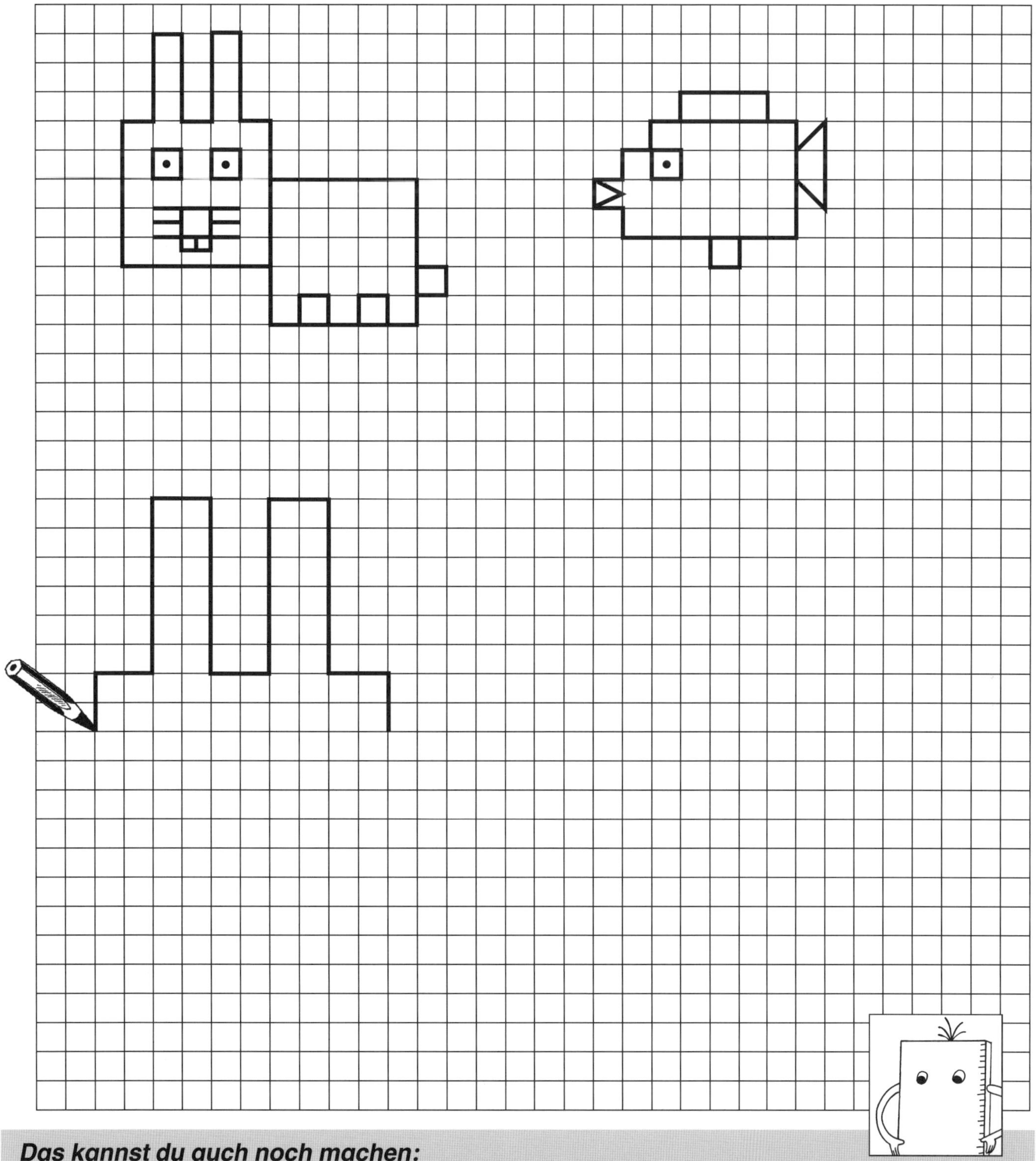

Das kannst du auch noch machen:

2. Zeichne ein eigenes Bild mit dem Lineal in dein kariertes Mathe-Heft. Vergrößere es um das Doppelte. Male beide Bilder in denselben Farben aus.
3. Zeichne deinen Nachnamen mit Bleistift und Lineal ins Heft. Vergrößere ihn um das Doppelte.

Generalprobe „Bronzener Zeichengeräte-Führerschein“

1. Was weißt du über das Lineal? Schreibe auf. Beschrifte das Lineal.

____

____

____

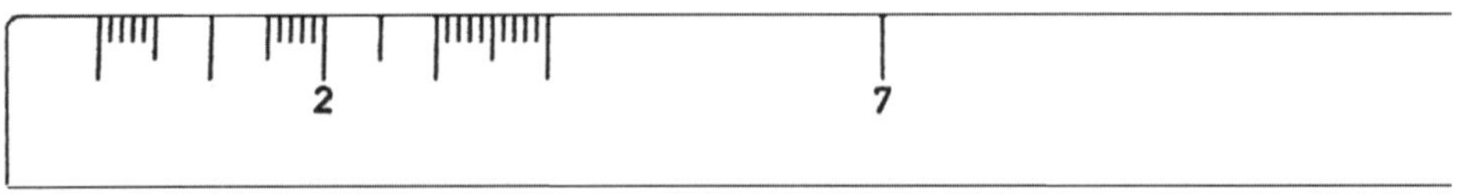

2. Zeichne diese Strecken: $\overline{AB}$ = 2 cm, $\overline{CD}$ = 30 mm, $\overline{EF}$ = 5 cm und $\overline{GH}$ = 14 mm.

3. Zeichne diese Strecken: $\overline{AB}$ = 1,7 cm, $\overline{CD}$ = 4,3 cm, $\overline{EF}$ = 0,6 cm und $\overline{GH}$ = 2,8 cm.

4. Miss diese Strecken. Schreibe die Längen auf.

A B

$\overline{AB}$ = ________

C D

$\overline{CD}$ = ________

E F

$\overline{EF}$ = ________

G H

$\overline{GH}$ = ________

I J

$\overline{IJ}$ = ________

K L

$\overline{KL}$ = ________

5. Übertrage das Bild mit Lineal und Bleistift. Male beide Bilder in denselben Farben aus.

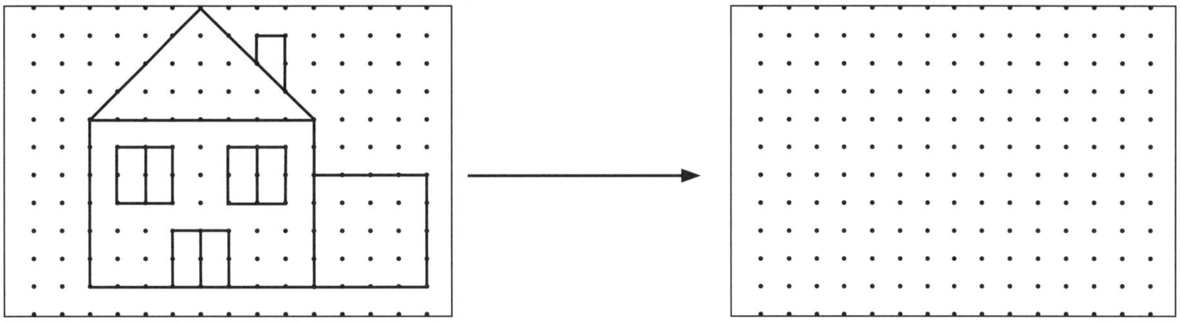

6. Verkleinere die Figur um die Hälfte. Male beide Bilder in denselben Farben aus.

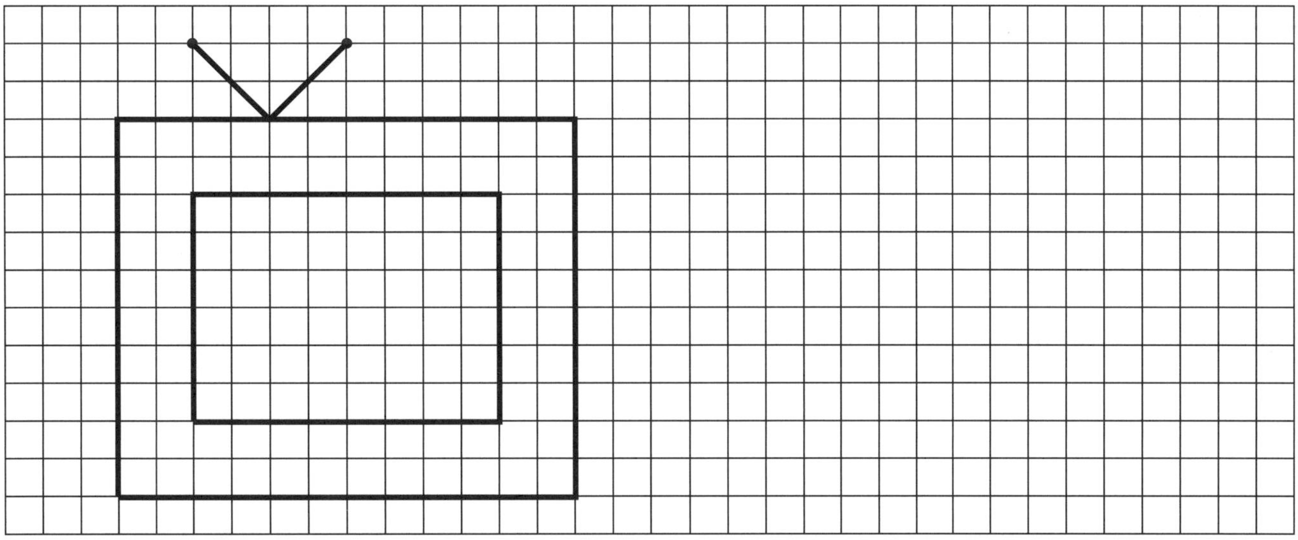

7. Vergrößere die Figur um das Doppelte. Male beide Bilder in denselben Farben aus.

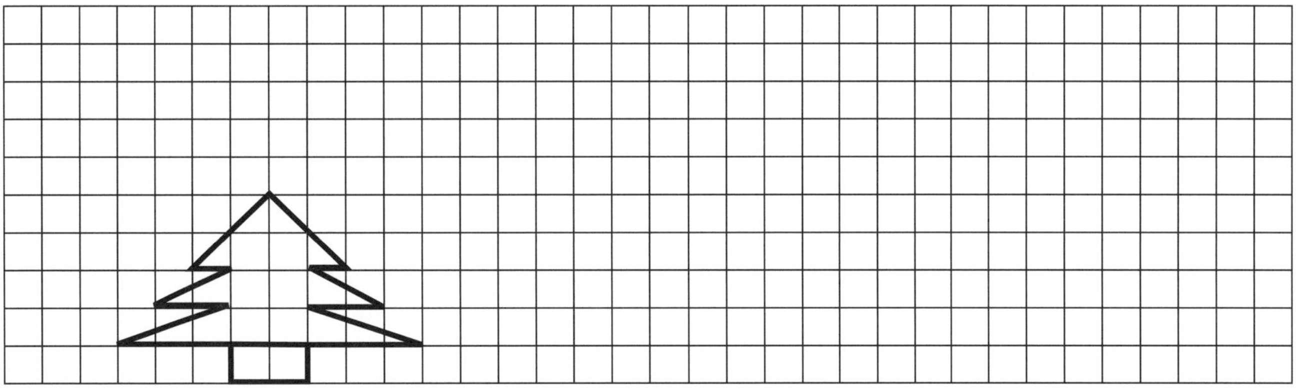

So sind dir die Aufgaben gelungen:

Übe. Okay! Gut! Super!

Name, Klasse

Prüfungs-Tipps:

Prüfung „Bronzener Zeichengeräte-Führerschein“

1. Was weißt du über das Lineal? Schreibe auf. Beschrifte das Lineal.

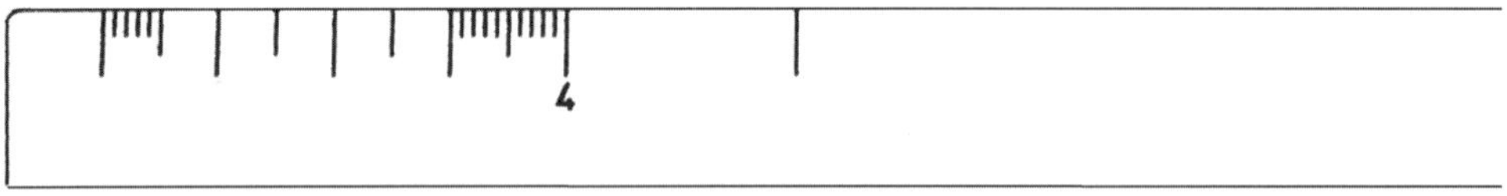

2. Zeichne diese Strecken: $\overline{AB}$ = 4 cm, $\overline{CD}$ = 25 mm, $\overline{EF}$ = 1 cm und $\overline{GH}$ = 34 mm.

3. Zeichne diese Strecken: $\overline{AB}$ = 2,7 cm, $\overline{CD}$ = 3,3 cm, $\overline{EF}$ = 0,8 cm und $\overline{GH}$ = 4,2 cm.

4. Miss diese Strecken. Schreibe die Längen auf.

A B   C D   E F

$\overline{AB}$ = ______ $\overline{CD}$ = ______ $\overline{EF}$ = ______

G H   I J   K L

$\overline{GH}$ = ______ $\overline{IJ}$ = ______ $\overline{KL}$ = ______

5. Übertrage das Bild mit Lineal und Bleistift. Male beide Bilder in denselben Farben aus.

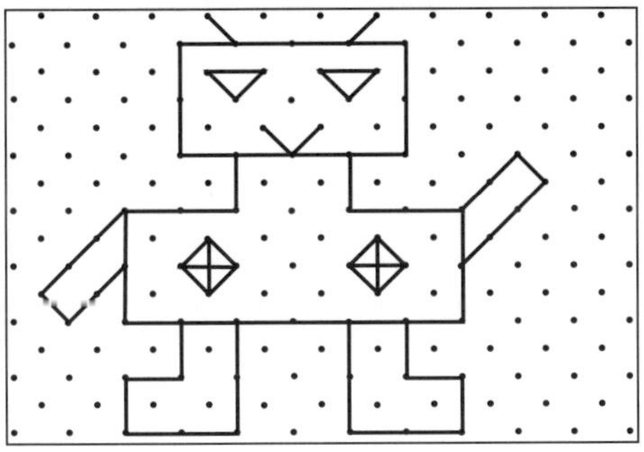

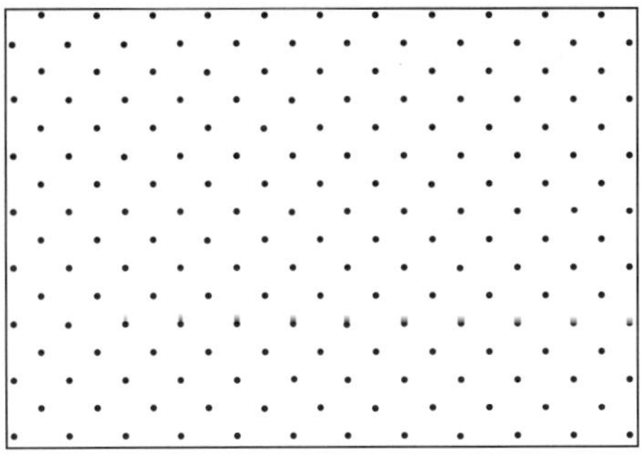

6. Verkleinere die Figur um die Hälfte. Male beide Bilder in denselben Farben aus.

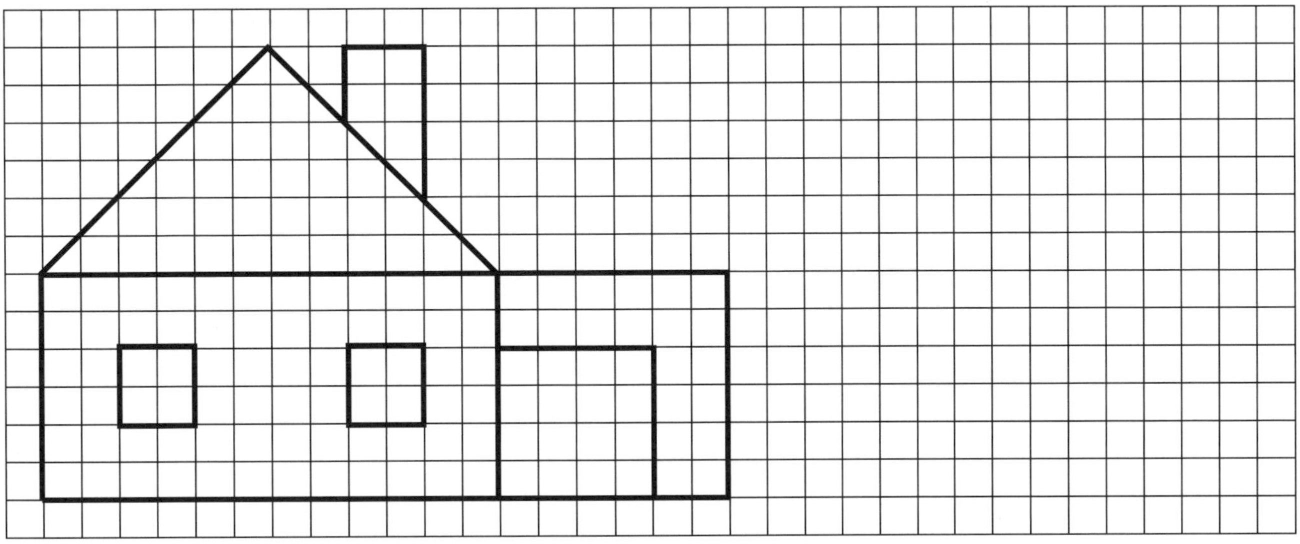

7. Vergrößere die Figur um das Doppelte. Male beide Bilder in denselben Farben aus.

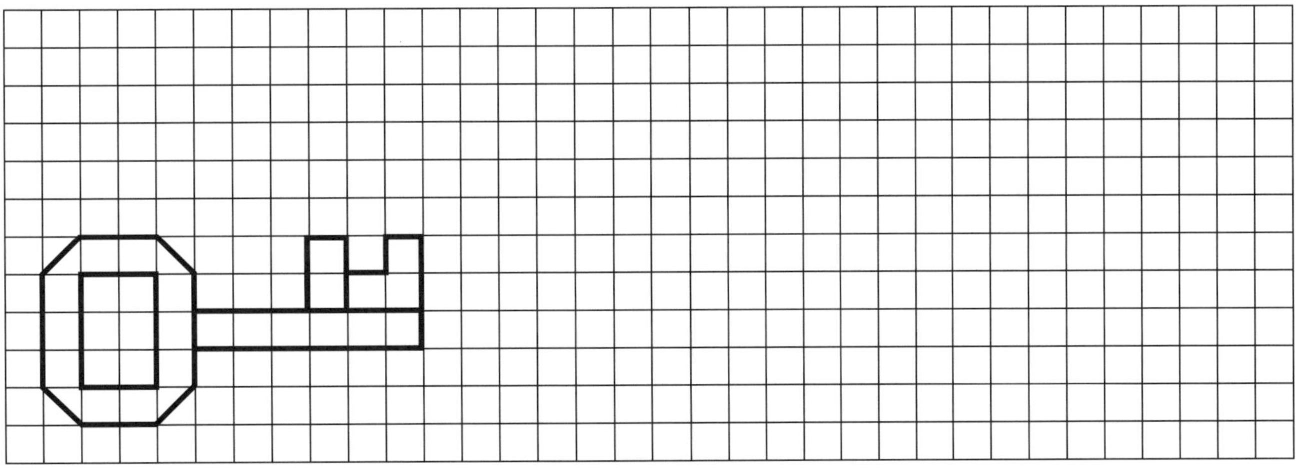

Dein Ergebnis der „Bronzenen Zeichengeräte-Führerscheinprüfung“:

Name, Klasse

Du hast

☐ bestanden.

☐ noch nicht bestanden.

Datum, Unterschrift

Das Geodreieck (Lernposter)

Das **Geodreieck** hat zwei gleich lange Seiten (= Schenkel) und eine dritte Seite (= Grundseite = Lineal), die etwas länger ist. Die Grundseite hat eine Millimeter-Skala und der Nullpunkt liegt in der Mitte.

Auf der äußeren Winkel-Skala und der (gelben) inneren Winkel-Skala sind die Gradzahlen von 0° bis 180° eingetragen. Wenn du zwei Geodreiecke aneinanderlegst, erhältst du einen Kreis (= 180° + 180° = 360°).

Parallele Hilfslinien zur Grundseite im Abstand von 5 mm helfen, parallele Linien zu erkennen und zu zeichnen.

Gabi Geodreieck

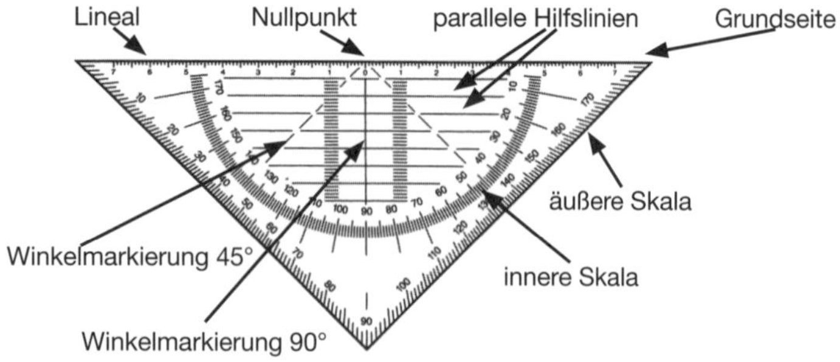

So hältst du das Geodreieck und den Bleistift beim Zeichnen:

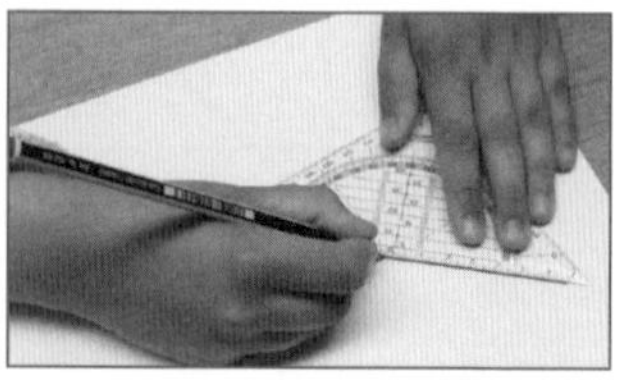

1. Spitze den Bleistift vor dem Zeichnen an.
2. Halte das Geodreieck mit mehreren Fingern fest, wenn du zeichnest.
3. Eine Linie zeichnest du entlang der Kante der Grundseite.

So zeichnest du Winkel:

Du willst einen Winkel von z. B. 50° zeichnen.

1. Zeichne eine Linie von etwa 7 cm.
2. Lege die Grundseite des Geodreiecks genau auf die Linie und den Nullpunkt an den Anfangspunkt der Linie.
3. Lese an der äußeren Winkel-Skala die Gradzahl „50“ ab und zeichne genau an dieser Stelle neben dem Geodreieck einen Punkt. Entferne das Geodreieck.
4. Verbinde nun den gezeichneten Punkt mit dem Anfangspunkt der Linie.
5. Da der gezeichnete Innenwinkel 50° groß ist, ist der Außenwinkel 310° groß. Denn ein Vollkreis hat 360° (360° - 50° = 310°).

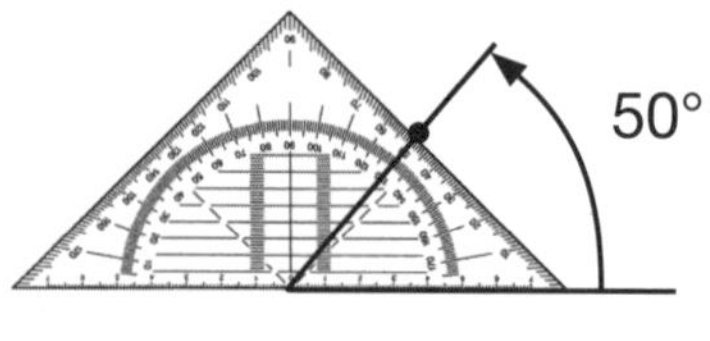

Der rechte Winkel:

Ein besonderer Winkel ist der rechte Winkel. Er ist genau 90° groß. Beim rechten Winkel stehen zwei Linien „senkrecht“ aufeinander.
Der rechte Winkel wird so gekennzeichnet: 

So zeichnest du Rechtecke und Quadrate:

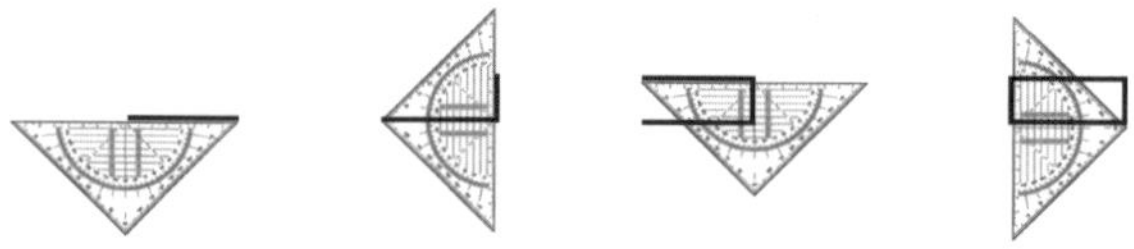

So zeichnest du parallele Linien:

So misst du Winkel:

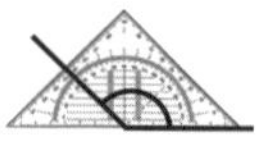

Der Winkel kann direkt abgelesen werden.

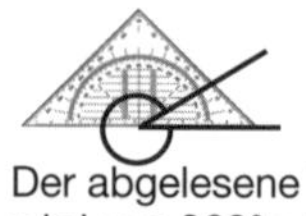

Der abgelesene Winkel wird von 360°subtrahiert

Zum abgelesenen Winkel wird 180° addiert.

Winkelarten

Nullwinkel	Spitzer Winkel	Rechter Winkel	Stumpfer Winkel	Gestreckter Winkel	Überstumpfer Winkel	Vollwinkel
Winkel = 0°	Winkel < 90°	Winkel = 90°	90° < Winkel < 180°	Winkel = 180°	180° < Winkel < 360°	Winkel = 360°

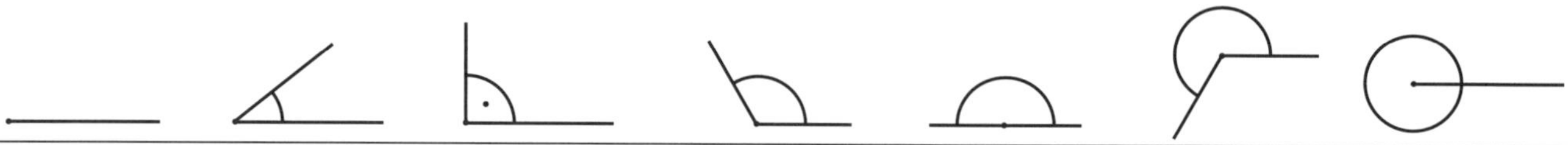

Faltwinkel und Faltparallele basteln

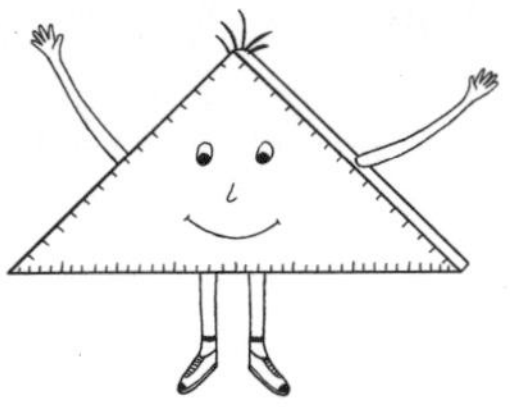

1. Bastele einen Faltwinkel aus einem ausgerissenen Stück Papier:
   a) Falze es einmal.
   b) Knicke die Faltkante und lege die Kanten genau übereinander.
   Merke dir: Die so entstandene „Ecke“ ist der Faltwinkel. Der Faltwinkel ist ein rechter Winkel. Die Kanten, die die „Ecke“ bilden, stehen senkrecht aufeinander.
   c) Entfalte das Papier.
   Merke dir: Die Faltlinien stehen senkrecht aufeinander. Und sie bilden vier rechte Winkel (siehe Info-Box).

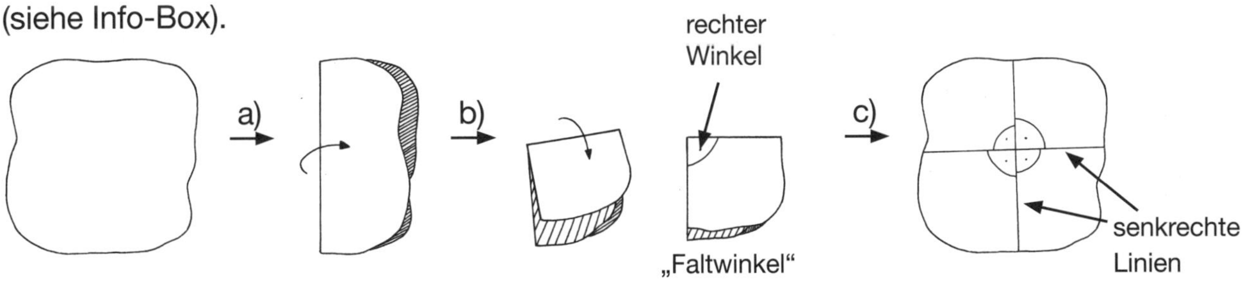

2. Bastele Faltparallele aus einem DIN-A4-Blatt:
   a) Knicke eine gerade Kante und lege die Kanten des Papiers genau übereinander.
   b) Wiederhole das Knicken und Übereinanderlegen.
   c) Entfalte das Papier.
   Merke dir: Die nun entstandenen Faltlinien haben den gleichen Abstand voneinander und sind somit parallel zueinander.

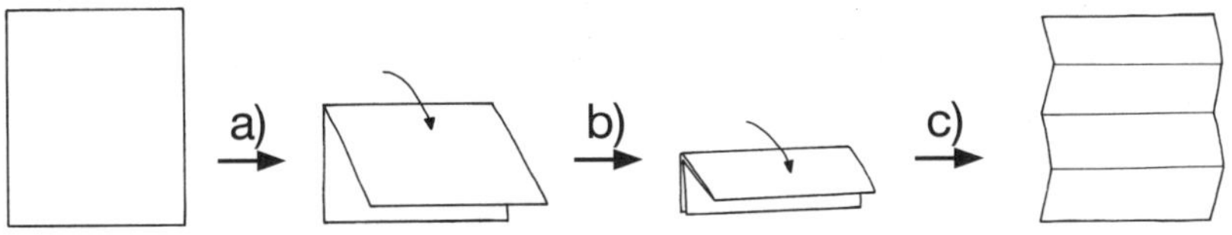

INFO-BOX

Wenn zwei Linien **senkrecht zueinander** stehen, dann haben sie einen rechten Winkel. Der **rechte Winkel** ist genau 90° (Grad) groß und wird so gekennzeichnet:

Zwei Linien sind **parallel zueinander**, wenn sie immer den gleichen Abstand voneinander haben:

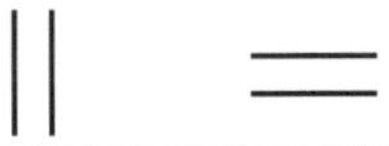

3. Untersuche mit dem Faltwinkel und den Faltparallelen:
   a) dein Geodreieck. Was stellst du fest? Schreibe auf.

   ____

   ____

   b) deinen Klassenraum. Was stellst du fest? Schreibe auf.

   ____

   ____

Fertig? Dann male Gabi Geodreieck einen lachenden Mund ins Gesicht.

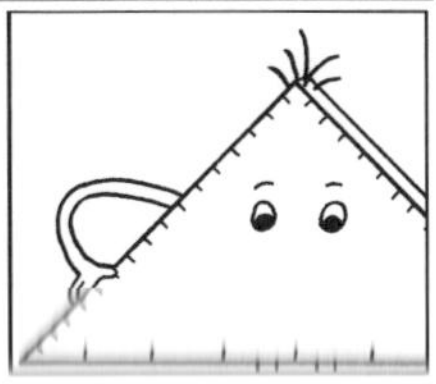

Das Geodreieck untersuchen

1. Vergleiche den Vollkreis mit deinem Geodreieck. Was fällt dir auf? Schreibe auf.

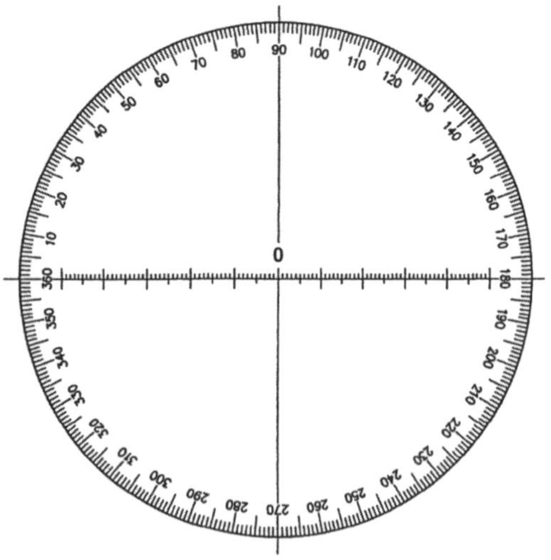

2. Lege dein Geodreieck auf den Tisch.
   Zeichne und schreibe alle Linien und Zahlen in dieses leere Geodreieck hinein.
   Verbinde die Begriffe mit den passenden Stellen auf dem Geodreieck.

Nullpunkt Lineal äußere Skala innere Skala 90°-Markierung 45°-Markierung parallele Hilfslinien

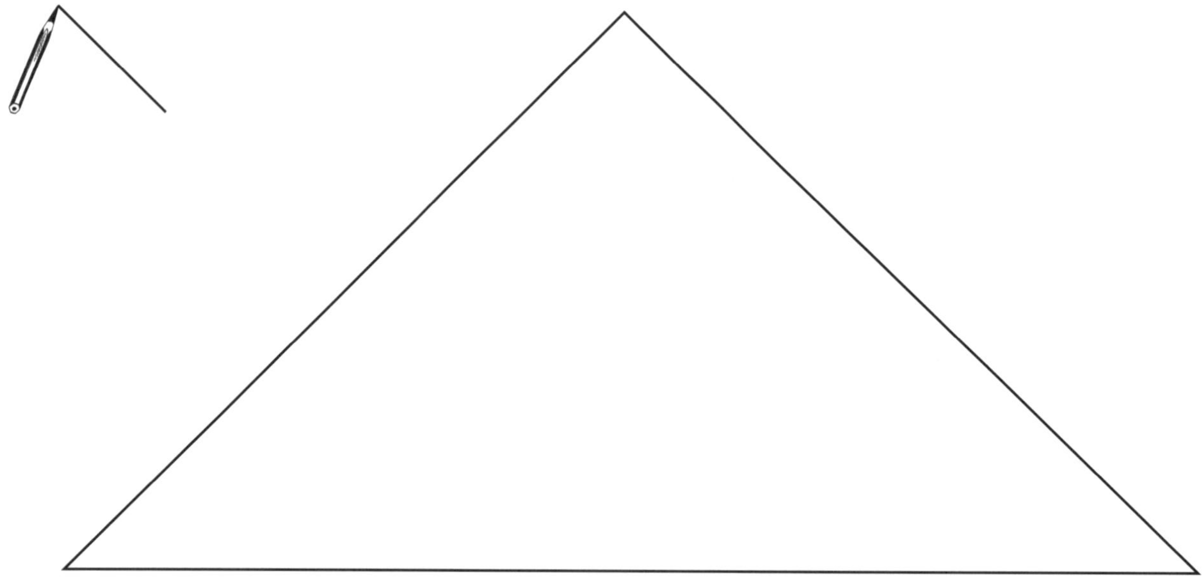

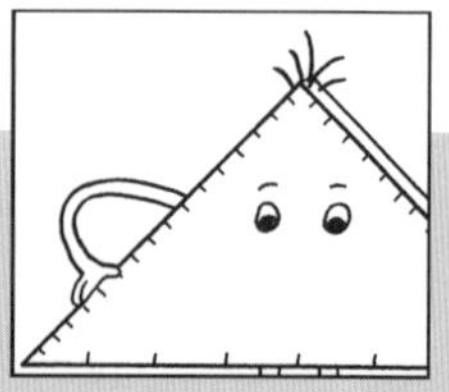

Das kannst du auch noch machen:

3. Schneide das beschriftete Geodreieck aus. Miss und zeichne mit diesem Papier-Geodreieck und mit deinem Kunststoff-Geodreieck. Welche Vor- und Nachteile haben beide Geodreiecke? Erzähle.
4. Hänge dein Papier-Geodreieck in dein Kinderzimmer.

Mit dem Geodreieck frei zeichnen

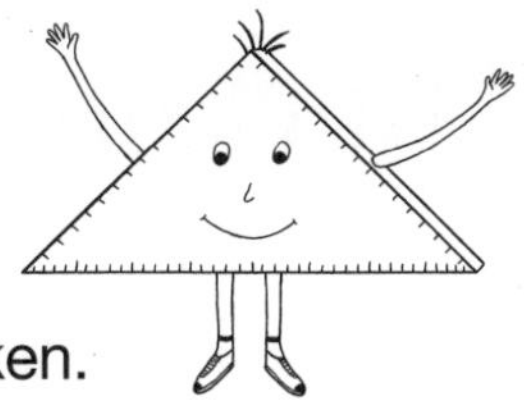

1. Zeichne mit angespitztem Bleistift und Geodreieck verschieden lange Strecken. Miss die Strecken mit dem Geodreieck und schreibe die Längen dazu.

$\overline{AB} = 3$ cm

Welche Unterschiede gibt es zwischen der Millimeter-Skala von Linealen und von Geodreiecken? Schreibe auf.

2. Zeichne Linien, die immer den gleichen Abstand voneinander haben (= parallele Linien).

Welche Linien auf dem Geodreieck helfen dir dabei? Was musst du mit dem Geodreieck machen? Schreibe auf.

3. Zeichne Quadrate und Rechtecke. Die Linien, die eine Ecke bilden, müssen senkrecht zueinander stehen!

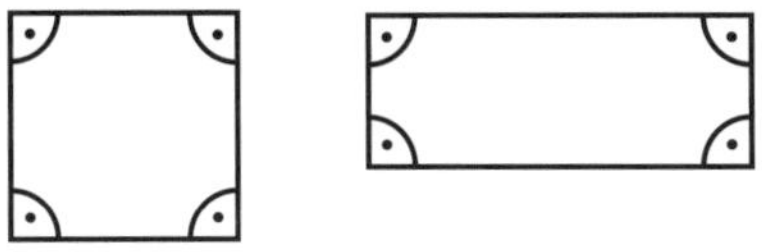

Wie zeichnest du diese besonderen Vierecke mit dem Geodreieck? Schreibe auf.

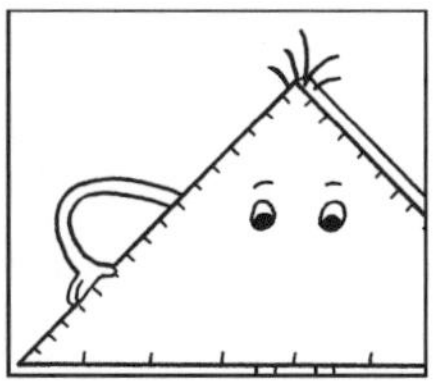

Mit dem Geodreieck Muster zeichnen

1. Zeichne mit angespitztem Bleistift und Geodreieck die Muster weiter.
   Male die Muster zuletzt bunt an.

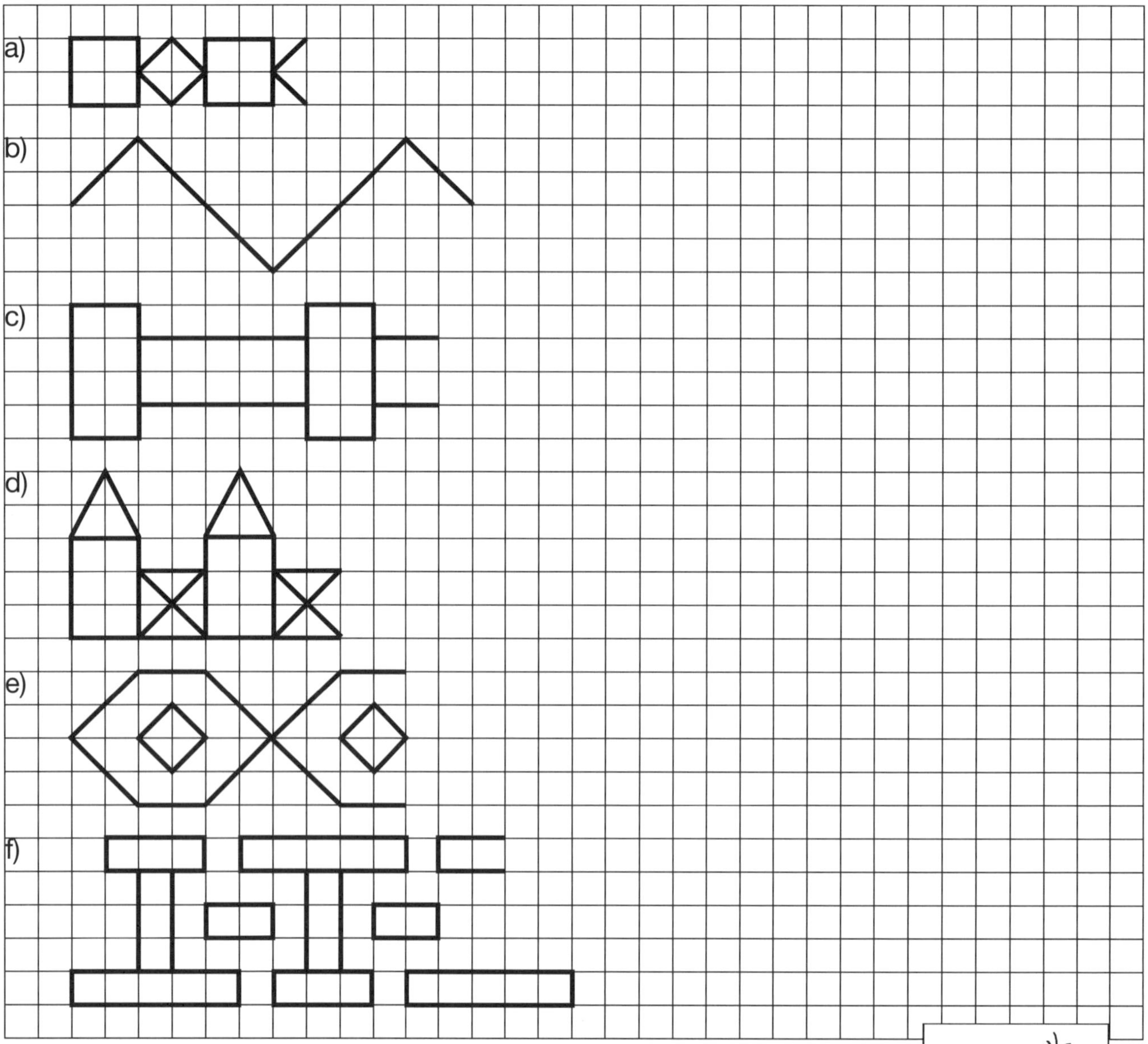

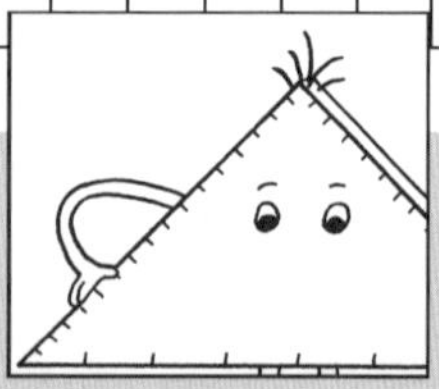

Das kannst du auch noch machen:

2. Zeichne eigene Muster mit Bleistift und Geodreieck ohne Hilfslinien.
3. Das „Muster nachzeichnen-Spiel“:
   Bildet Spielgruppen. Jedes Kind malt 2-3 kleine Muster mit Bleistift und Geodreieck auf 2–3 Blätter und malt sie bunt an. Ein Muster vom ältesten Kind wird für zehn Sekunden offen hingelegt und anschließend umgedreht. Die restlichen Kinder versuchen, das gezeigte Muster nachzuzeichnen. Das älteste Kind stoppt das Zeichnen nach zwei Minuten und vergleicht die nachgemalten Muster mit dem Original. Der beste „Nachmaler“ erhält 3 Punkte, der zweitbeste 2 Punkte, der drittbeste 3 Punkte. Reihum zeigt nun das nächste Kind sein Muster für zehn Sekunden. Sieger ist, wer zuerst 10 Punkte hat.

Parallele Linien überprüfen

1. Parallele Linien haben immer den gleichen Abstand voneinander.
   Welche Linien sind parallel zueinander?
   Überprüfe mit dem Geodreieck.
   Schreibe so auf:

   a||b

   ___

   ___

   ___

INFO-BOX

parallel zueinander: a||b

nicht parallel zueinander: c ∦ d

Parallele Linien überprüfen:

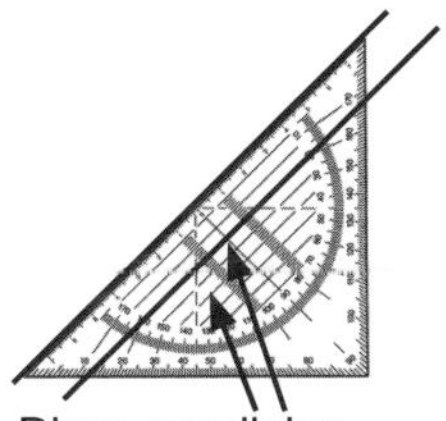

Diese parallelen Hilfslinien helfen dir dabei.

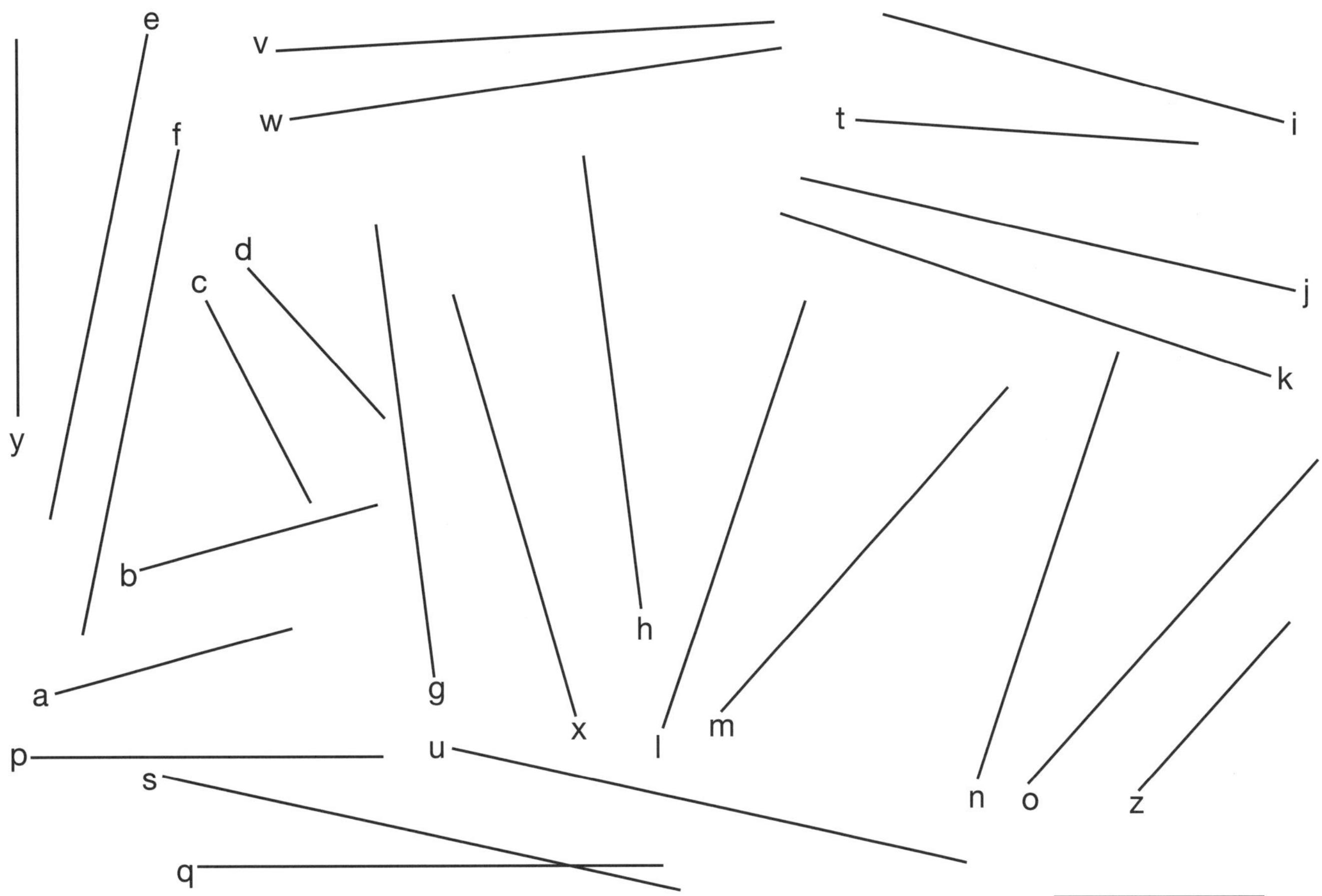

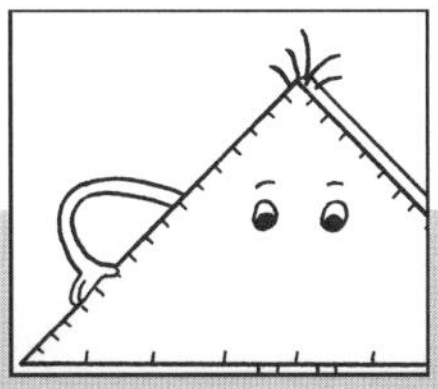

Das kannst du auch noch machen:

2. Zeichne ein Bild von einem Haus, Klassenraum usw. mit dem Geodreieck und Bleistift.
   Zeichne zueinander parallele Linien anschließend in der gleichen Farbe nach.

Parallele Linien zeichnen

1. Parallele Linien haben immer den gleichen Abstand voneinander.
   Zeichne parallele Linien (b, d, f, h, j) zu den gezeichneten Linien mit dem Geodreieck.
   Zeichne eigene Linien, die parallel zueinander sind.

INFO-BOX

parallel zueinander: a || b

nicht parallel zueinander: c ∦ d

Parallele Linien zeichnen:

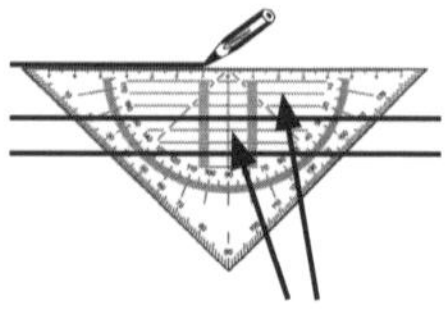

Diese parallelen Hilfslinien helfen dir dabei.

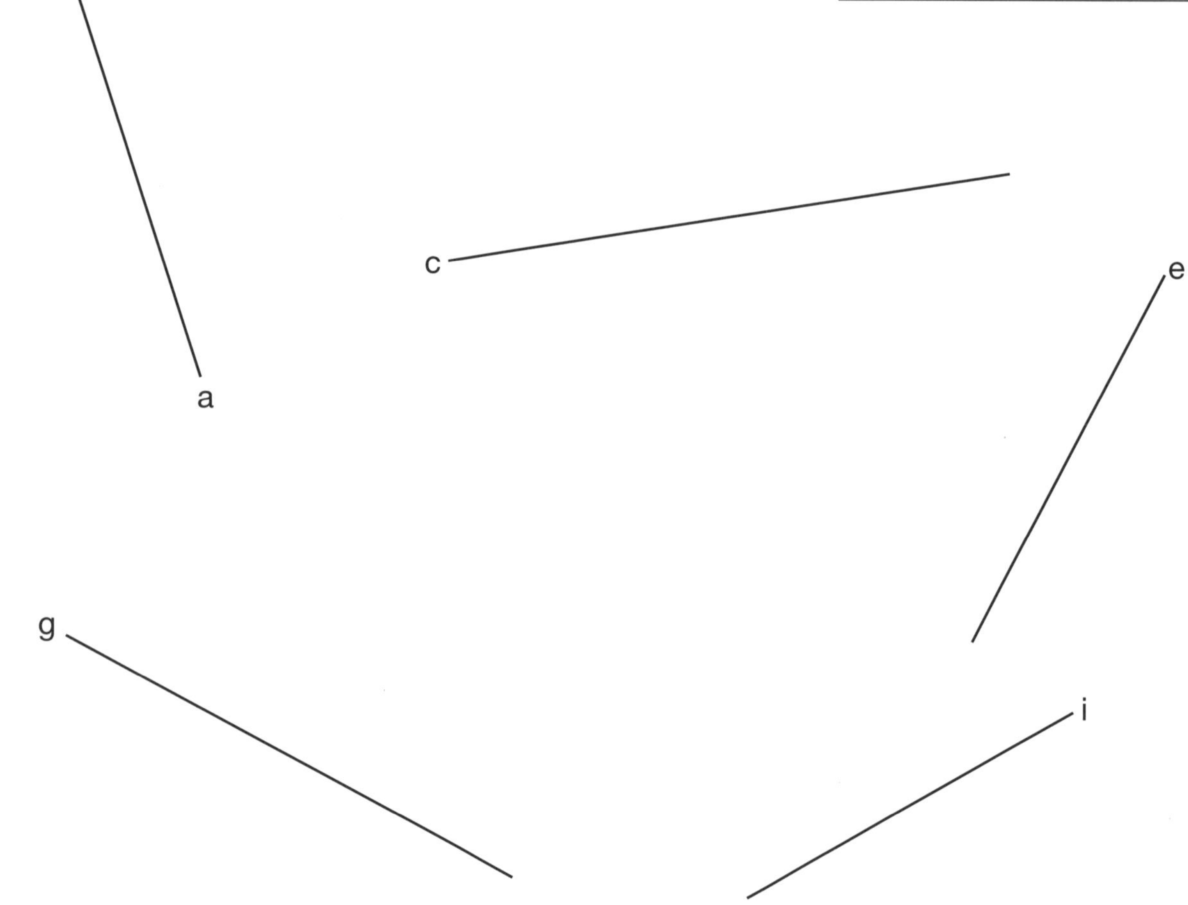

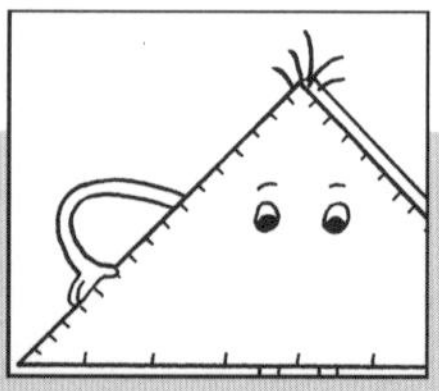

Das kannst du auch noch machen:

2. Zeichne ein Bild von einem Haus, Klassenraum usw. mit dem Geodreieck und Bleistift. Zeichne zueinander parallele Linien anschließend in der gleichen Farbe nach.
3. Wo gibt es in der Schule, in der Stadt usw. parallele Linien? Und warum gibt es sie dort?

Senkrechte Linien und rechte Winkel (I)

1. Senkrechte Linien haben immer einen rechten Winkel (= 90° = ⦜).
   Welche Linien stehen senkrecht zueinander?
   Überprüfe mit dem Geodreieck.
   Schreibe so auf:

   a⊥b

   ____

   ____

   ____

INFO-BOX

senkrecht zueinander: a⊥b

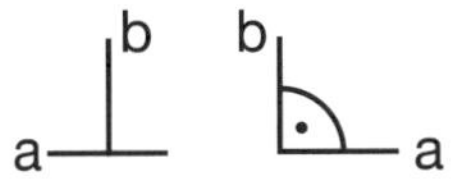

nicht senkrecht zueinander:

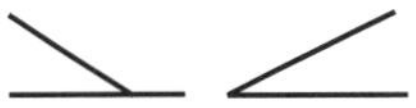

Senkrechte Linien überprüfen:

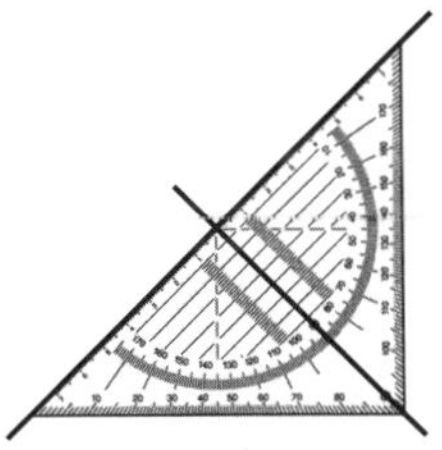

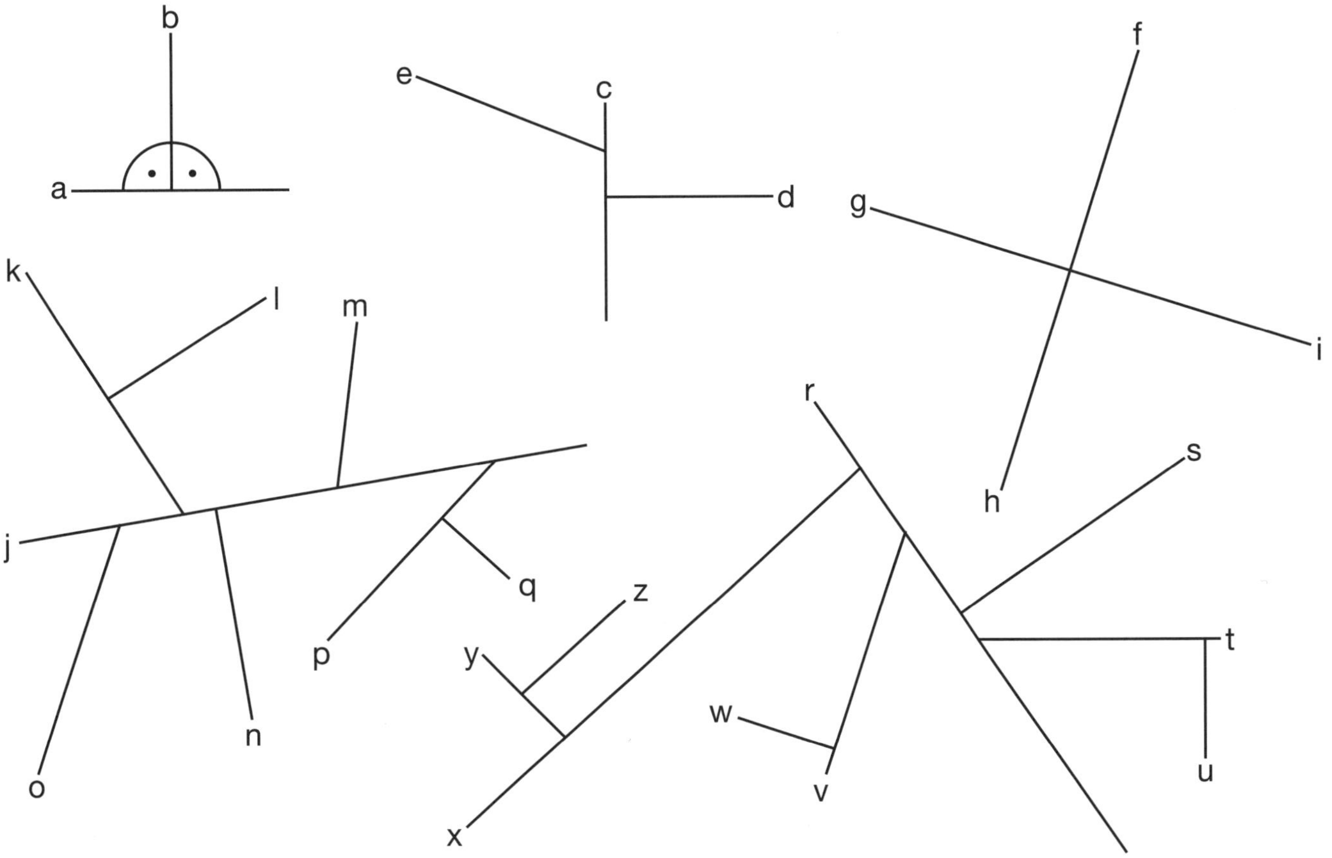

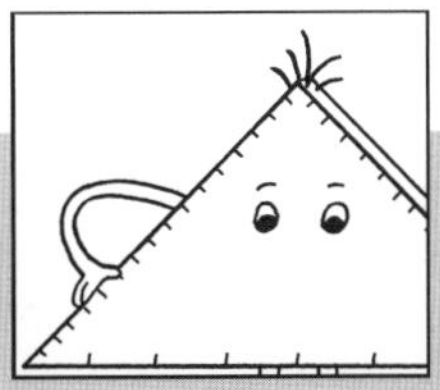

Das kannst du auch noch machen:

2. Zeichne ein Bild von einem Haus, Klassenraum usw. mit dem Geodreieck und Bleistift. Zeichne zueinander senkrechte Linien anschließend in der gleichen Farbe nach.

Wehren: Der Zeichengeräte-Führerschein · Best.Nr. 547
g Pädagogik Verlag GmbH, Augsburg

Senkrechte Linien und rechte Winkel (II)

1. Senkrechte Linien haben immer einen rechten Winkel (= 90° = ∟).
   Zeichne senkrechte Linien (b, d, f, h) zu den gezeichneten Linien mit dem Geodreieck.
   Zeichne weitere eigene Linien, die senkrecht zueinander sind.

INFO-BOX

senkrecht zueinander: a⊥b

Senkrechte Linien überprüfen:

nicht senkrecht zueinander:

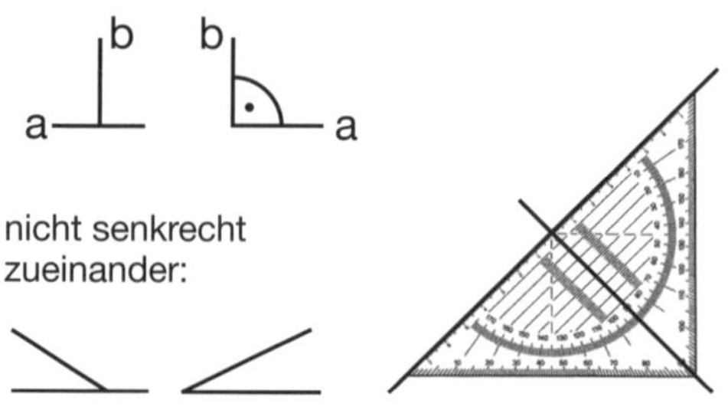

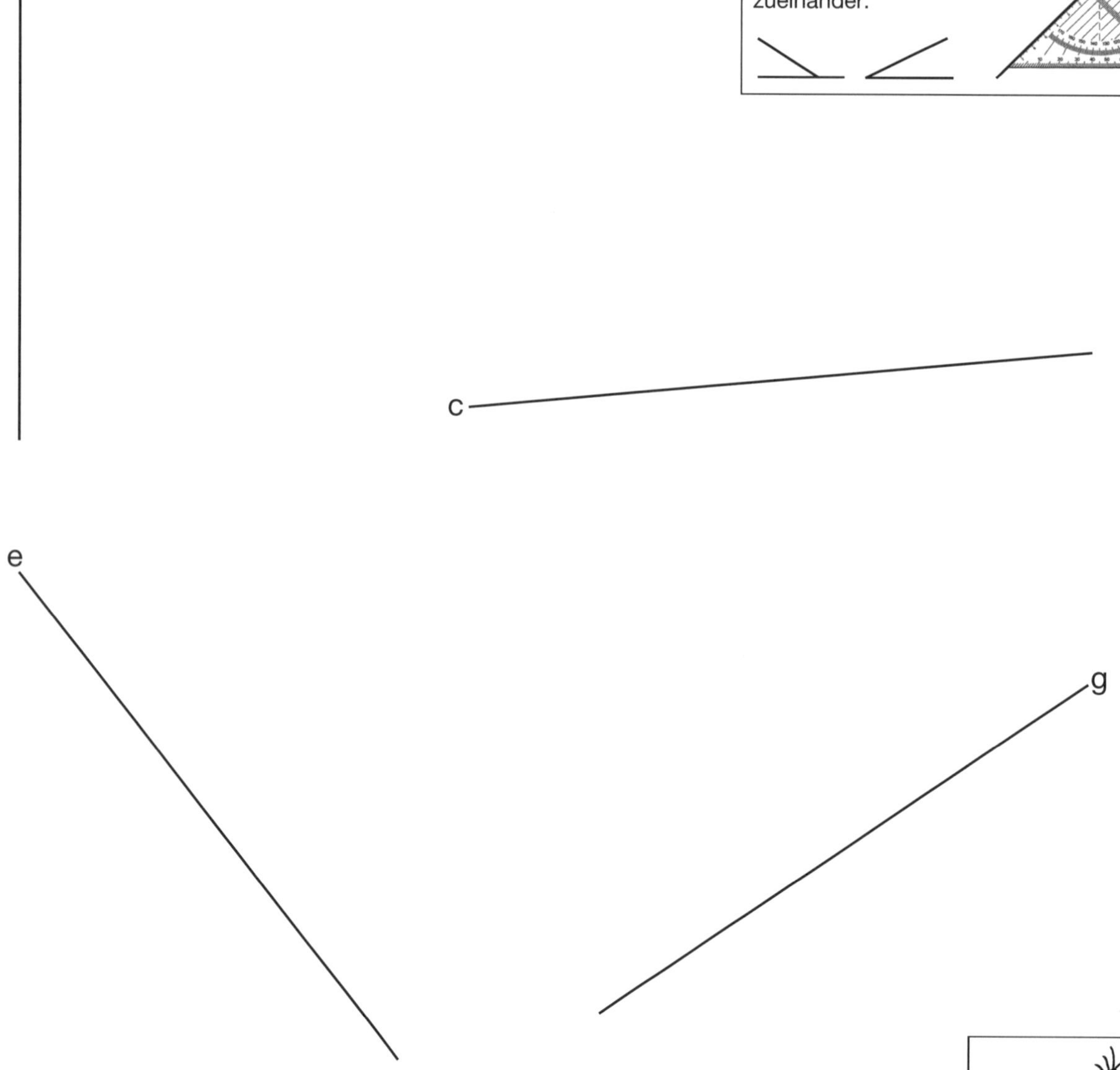

Das kannst du auch noch machen:

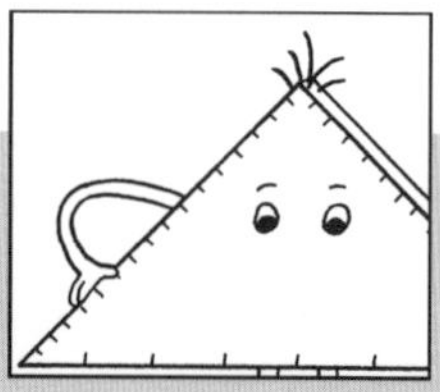

2. Zeichne ein Bild von einem Haus, Klassenraum usw. mit dem Geodreieck und Bleistift. Zeichne zueinander senkrechte Linien anschließend in der gleichen Farbe nach.
3. Wo gibt es in der Schule, in der Stadt usw. senkrechte Linien? Und warum gibt es sie dort?

Mit Trinkhalm und Geodreieck Winkel messen

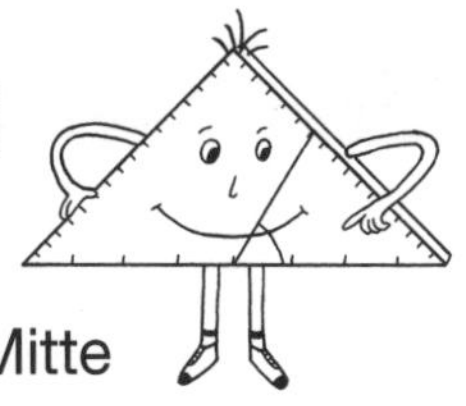

1. a) Lege den Anfang des Trinkhalms auf den Nullpunkt der Lineal-Skala in die Mitte des Vollkreises.
   Drehe den Trinkhalm nun wie einen Uhrzeiger. Die Winkelgröße zwischen dem dicken Strich und dem Trinkhalm kannst du an den Gradzahlen ablesen.
   b) Versuche es nun mit deinem Geodreieck.

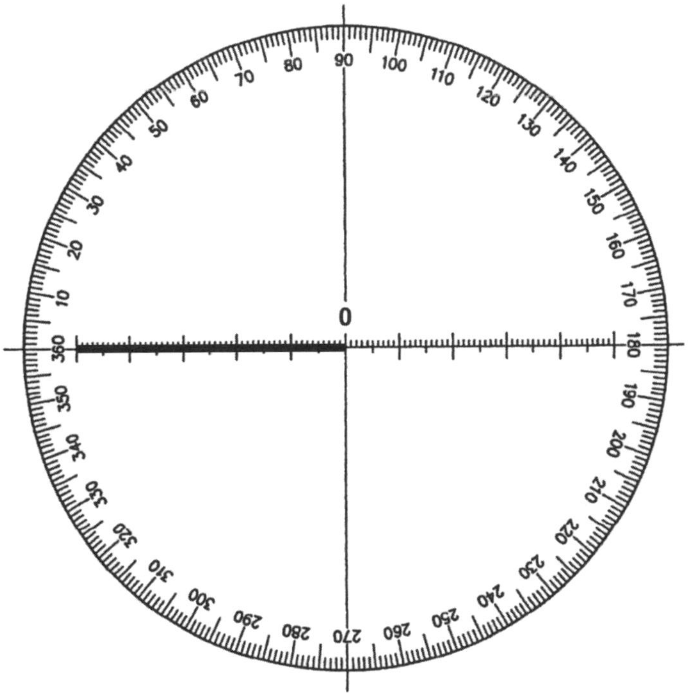

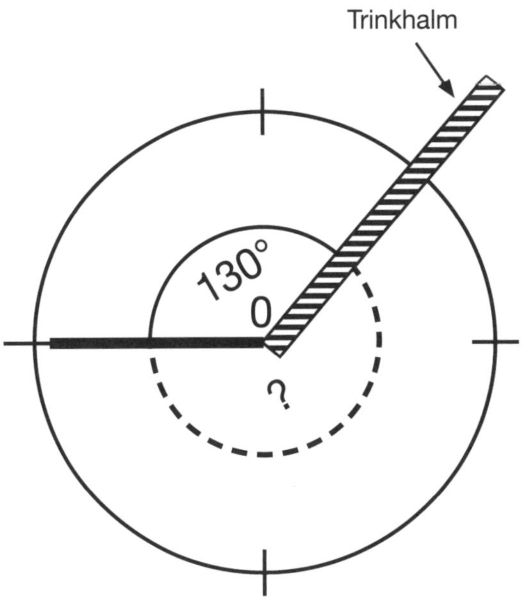

2. Miss die Winkel mit deinem Geodreieck. Schreibe die Gradzahlen auf die Linien, z. B. so: 180°.

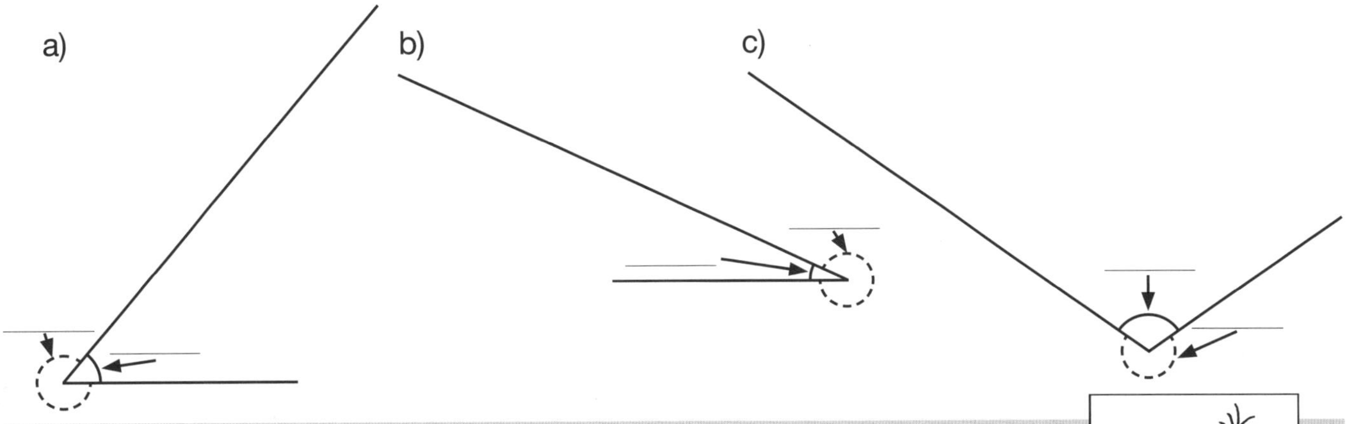

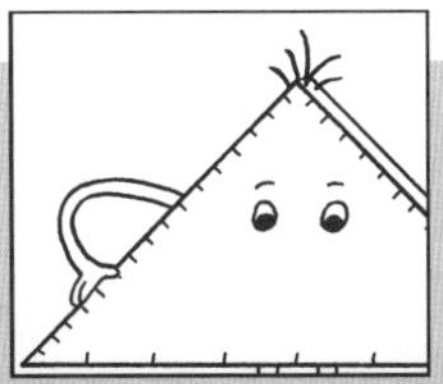

Das kannst du auch noch machen:

3. Das „Winkel-Schätz-Spiel“:
   Bildet Spielgruppen. Ihr braucht zwei Trinkhalme oder zwei Stifte.
   Ein Kind legt mit den Halmen oder Stiften einen Winkel. Die restlichen Kinder schätzen nun reihum die Winkelgröße. Messt mit dem Geodreieck. Das Kind, das am besten geschätzt hat, erhält einen Punkt. Nun legt das nächste Kind einen Winkel.

Nehren: Der Zeichengeräte-Führerschein · Best.Nr. 547
Pädagogik Verlag GmbH, Augsburg

Winkel messen und benennen

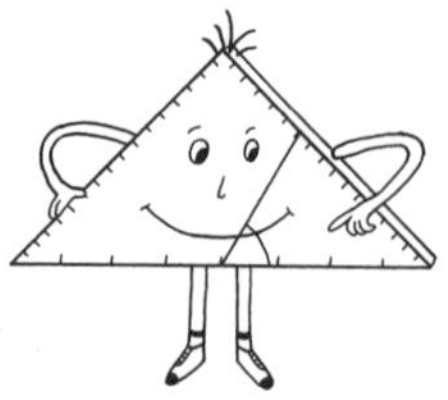

1. Miss diese Winkel.
2. Benenne die gemessenen Winkel. Benutze die Namen aus der Winkel-Tabelle. Schreibe auf die Linien.

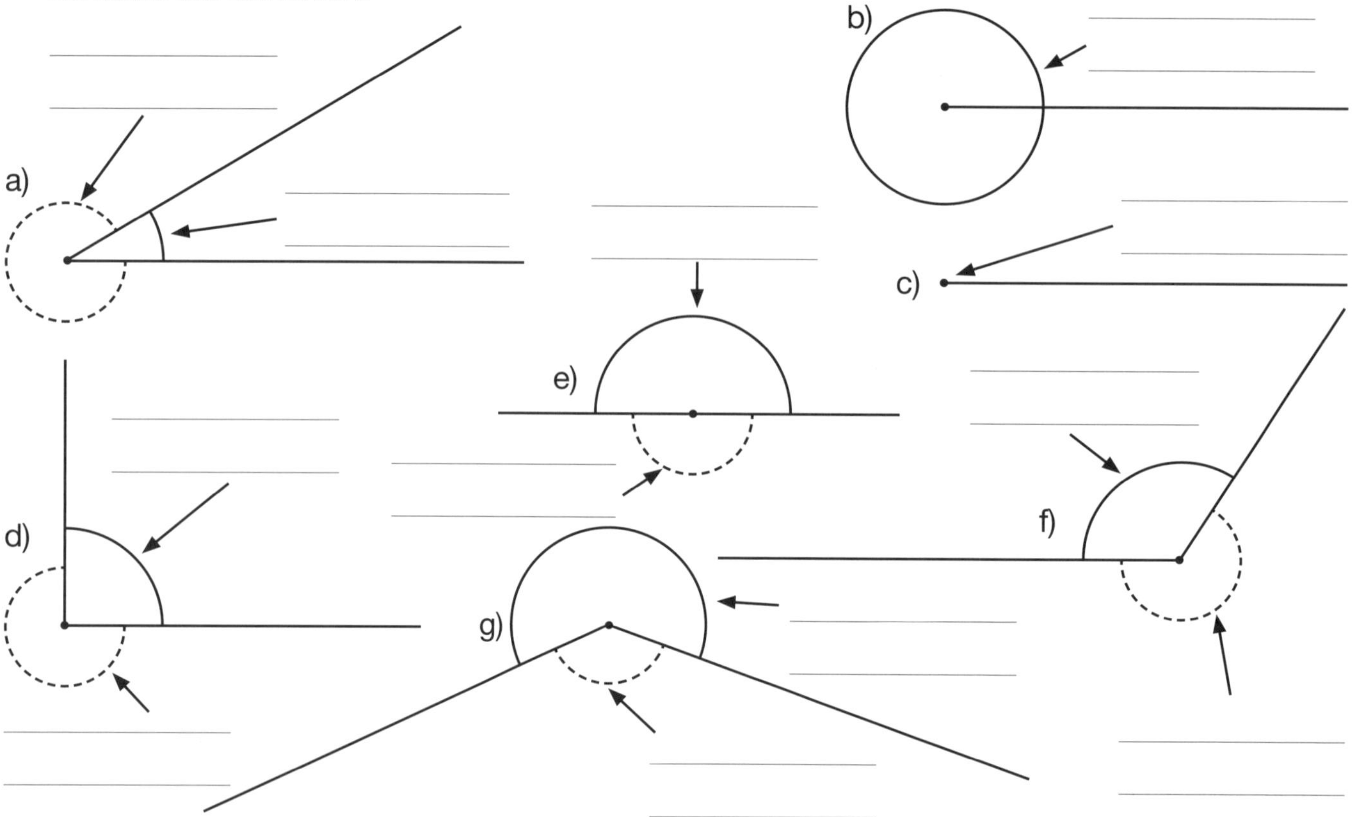

Nullwinkel	Spitzer Winkel	Rechter Winkel	Stumpfer Winkel	Gestreckter Winkel	Überstumpfer Winkel	Vollwinkel
Winkel = 0°	Winkel < 90°	Winkel = 90°	90° < Winkel < 180°	Winkel = 180°	180° < Winkel < 360°	Winkel = 360°

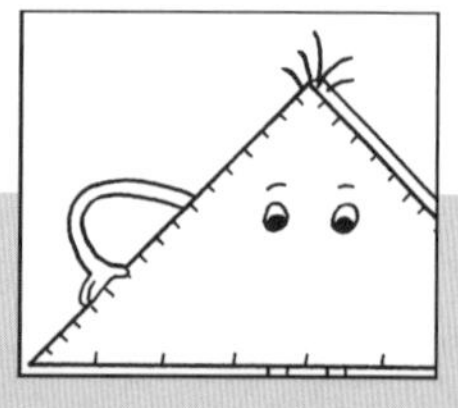

Das kannst du auch noch machen:

3. Das „Winkel-Schätz-Spiel“:
Bildet Spielgruppen. Ihr braucht zwei Trinkhalme oder zwei Stifte. Ein Kind legt mit den Halmen oder Stiften einen Winkel. Die restlichen Kinder schätzen nun reihum die Winkelgröße und den Namen des Winkels. Messt mit dem Geodreieck. Das Kind, das am besten geschätzt hat, erhält einen Punkt. Kinder, die den Namen richtig benannt haben, erhalten einen weiteren Punkt. Nun legt das nächste Kind einen Winkel. Gewonnen hat, wer zuerst 6 Punkte hat.
4. Miss die drei Winkel in gezeichneten Dreiecken und addiere sie jeweils. Was fällt dir auf?
5. Schneide die Winkel-Tabelle aus. Lerne die Winkel-Namen und die entsprechenden Gradzahlen auswendig. Mache ein Partner-Quiz mit deinem Tischnachbarn.

Winkel zeichnen und benennen

1. Zeichne diese Winkel:
   a) 30°, b) 45°, c) 80°, d) 90°, e) 142°, f) 180°, g) 257°, h) 333°, i) 360°.
2. Benenne die gezeichneten Winkel. Benutze die Namen aus der Winkel-Tabelle.

INFO-BOX

So zeichnest du Winkel:

Du willst einen Winkel von z. B. 50° zeichnen.

1. Zeichne eine Linie von etwa 7 cm.
2. Lege die Grundseite des Geodreiecks genau auf die Linie und den Nullpunkt an den Anfangspunkt der Linie.
3. Lese an der äußeren Winkel-Skala die Gradzahl „50“ ab und zeichne genau an dieser Stelle neben dem Geodreieck einen Punkt. Entferne das Geodreieck.
4. Verbinde nun den gezeichneten Punkt mit dem Anfangspunkt der Linie.
5. Da der gezeichnete Innenwinkel 50° groß ist, ist der Außenwinkel 310° groß. Denn ein Vollkreis hat 360° (360° - 50° = 310°).

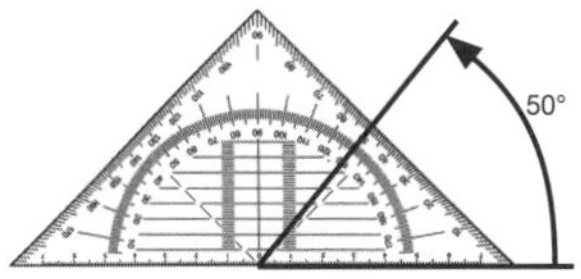

Nullwinkel	Spitzer Winkel	Rechter Winkel	Stumpfer Winkel	Gestreckter Winkel	Überstumpfer Winkel	Vollwinkel
Winkel = 0°	Winkel < 90°	Winkel = 90°	90° < Winkel < 180°	Winkel = 180°	180° < Winkel < 360°	Winkel = 360°

Das kannst du auch noch machen:

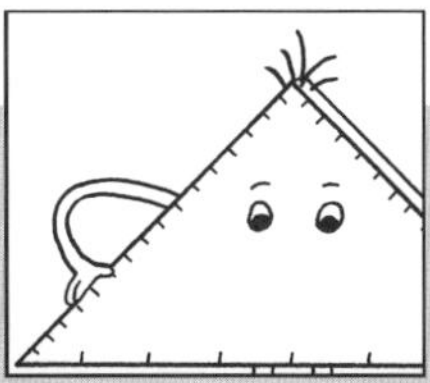

3. Zeichne eigene Winkel, miss sie und benenne sie.
4. Das „Winkel-Schätz-Spiel“:
   Bildet Spielgruppen. Ihr braucht zwei Trinkhalme oder zwei Stifte. Ein Kind legt mit den Halmen oder Stiften einen Winkel. Die restlichen Kinder schätzen nun reihum die Winkelgröße und den Namen des Winkels. Messt mit dem Geodreieck. Das Kind, das am besten geschätzt hat, erhält einen Punkt. Kinder, die den Namen richtig benannt haben, erhalten einen weiteren Punkt. Nun legt das nächste Kind einen Winkel. Gewonnen hat, wer zuerst 6 Punkte hat.
5. Miss die drei Winkel in gezeichneten Vierecken und addiere sie jeweils. Was fällt dir auf?
6. Schneide die Winkel-Tabelle aus. Lerne die Winkel-Namen und die entsprechenden Grad-

Generalprobe „Silberner Zeichengeräte-Führerschein“

1. Zeichne und miss diese Strecken mit dem Lineal:

   $\overline{AB}$ = 14,8 cm, $\overline{CD}$ = 11,5 cm, $\overline{EF}$ = 9,2 cm, $\overline{IJ}$ = ________, $\overline{KL}$= ________, $\overline{MN}$ = ________.

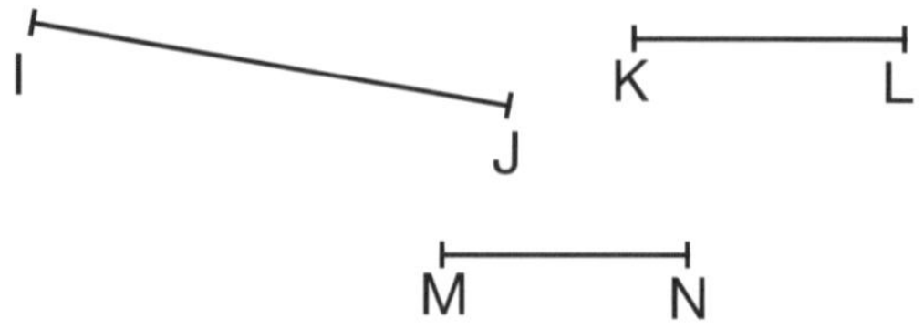

2. Was weißt du über das Geodreieck: a) Winkel zeichnen und messen, b) parallele Linien zeichnen und überprüfen? Schreibe und zeichne. Beschrifte das Geodreieck. Verbinde.

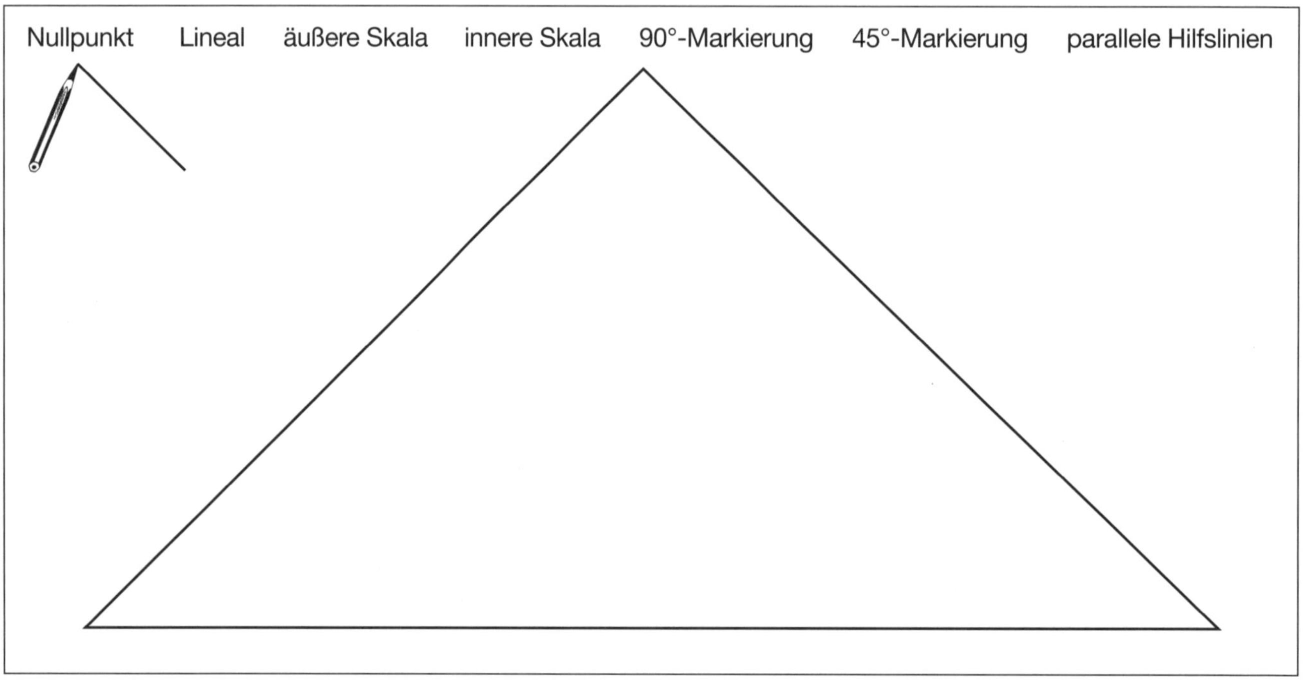

3. Zeichne mit Geodreieck und Bleistift zu diesen Linien parallele Linien.

4. Überprüfe: Welche Linien sind parallel zueinander (a||b). Welche Linien sind senkrecht zueinander (b⊥n)? Schreibe auf:

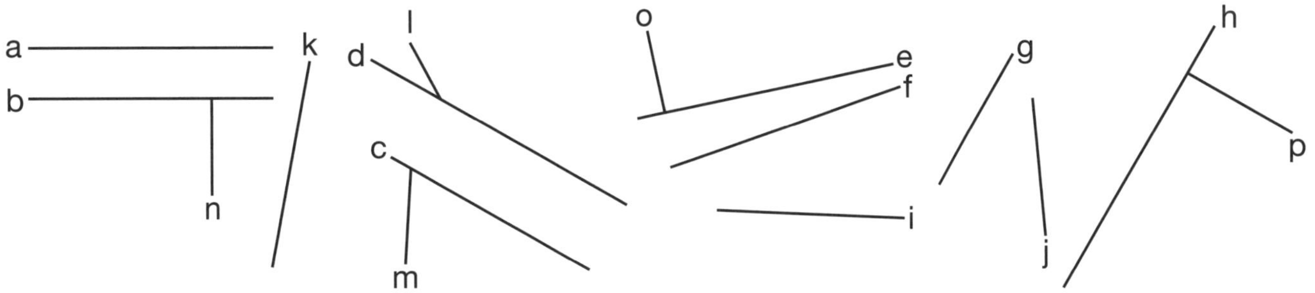

5. Zeichne diese Winkel:
a) 45°, b) 90°, c) 155°.

6. Miss die Winkel. Schreibe auf die Linien.

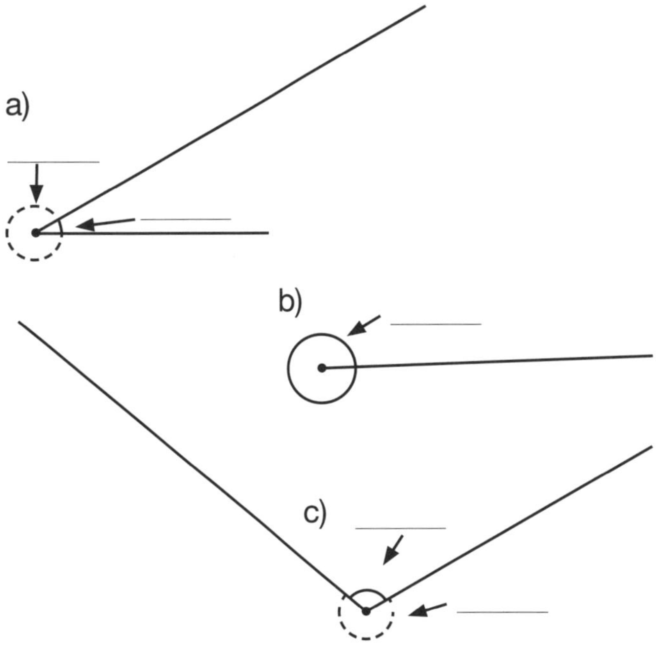

7. Falte aus zwei Blättern einen Faltwinkel und Faltparallele.

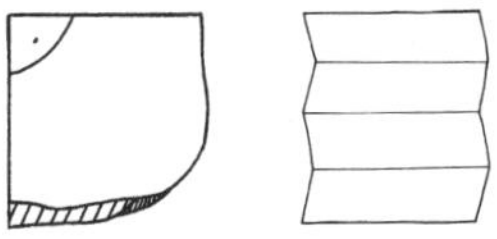

So sind dir die Aufgaben gelungen:

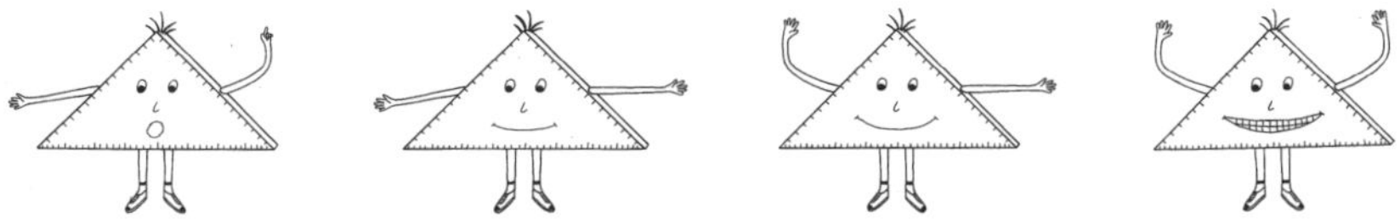

Übe　Okay!　Gut!　Super!

Name, Klasse

Prüfung „Silberner Zeichengeräte-Führerschein“

1. Zeichne und miss diese Strecken mit dem Lineal:

   $\overline{AB}$ = 15,7 cm, $\overline{CD}$ = 12,4 cm, $\overline{EF}$ = 8,6 cm, $\overline{IJ}$ = ________, $\overline{KL}$= ________, $\overline{MN}$ = ________.

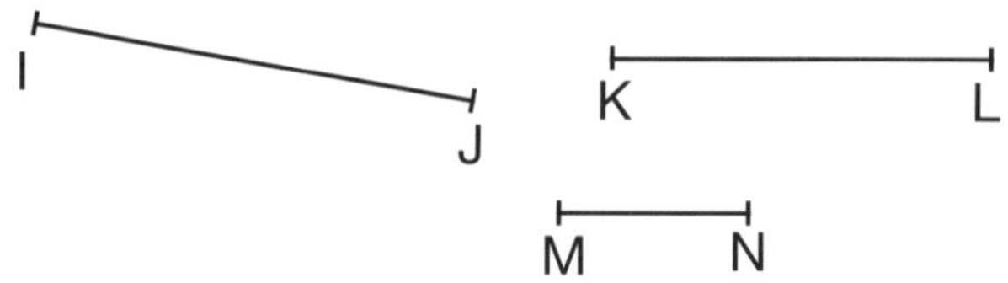

2. Was weißt du über das Geodreieck: a) Winkel zeichnen und messen, b) parallele Linien zeichnen und überprüfen? Schreibe und zeichne. Beschrifte das Geodreieck. Verbinde.

____

____

____

____

____

____

____

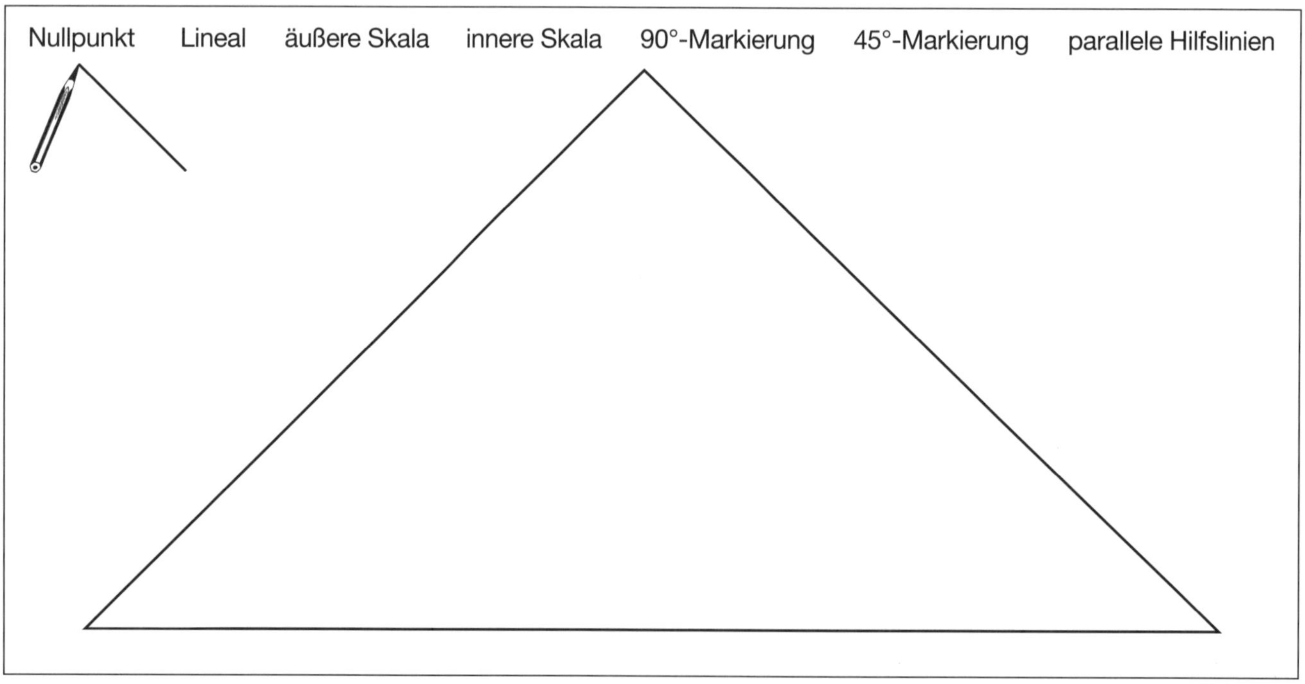

3. Zeichne mit Geodreieck und Bleistift zu diesen Linien parallele Linien.

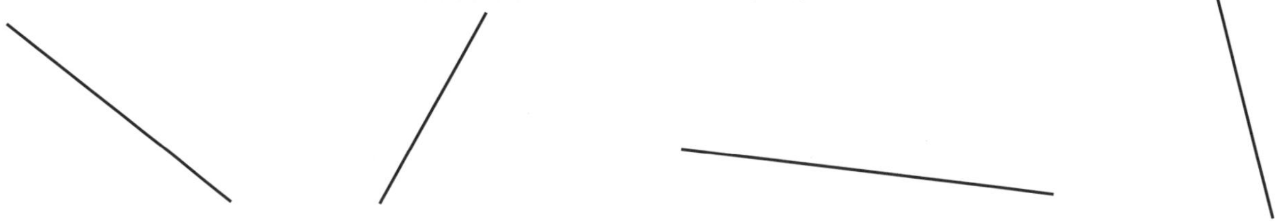

4. Überprüfe: Welche Linien sind parallel zueinander (a||b). Und welche Linien sind senkrecht zueinander (a⊥l)? Schreibe auf:

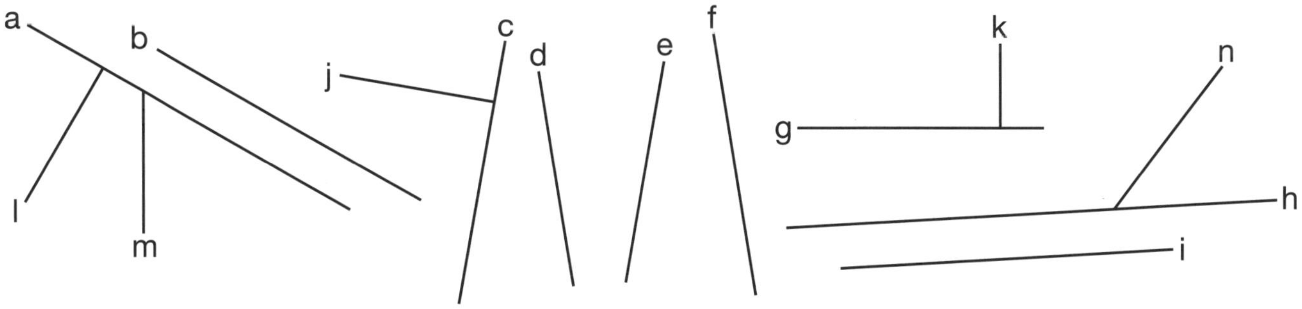

5. Zeichne diese Winkel:
a) 25°, b) 80°, c) 135°.

6. Miss die Winkel. Schreibe auf die Linien.

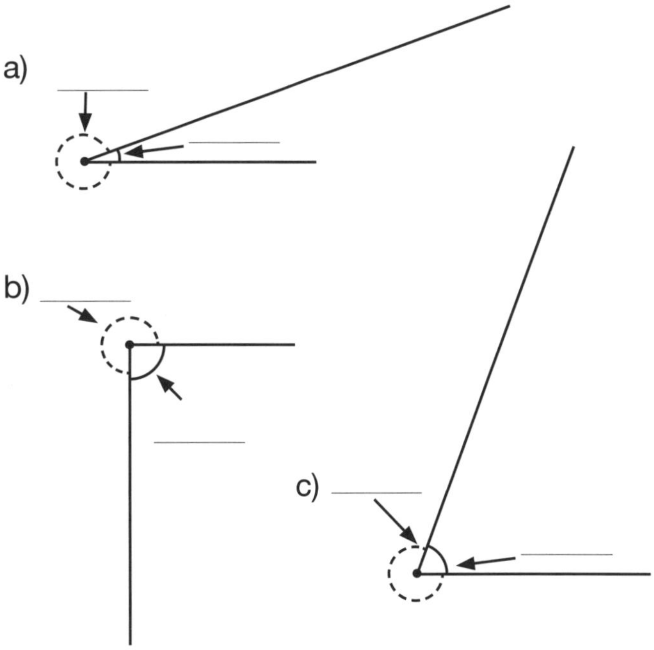

7. Falte aus zwei Blättern einen Faltwinkel und Faltparallele.

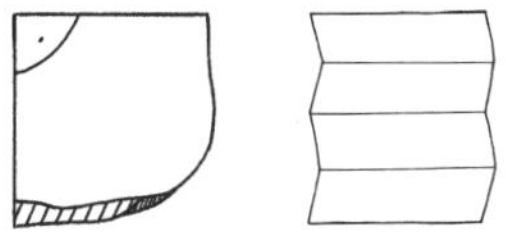

Dein Ergebnis der „Silbernen Zeichengeräte-Führerscheinprüfung“:

Name, Klasse

Du hast

☐ bestanden.

Der Zirkel (Lernposter)

Der **Zirkel** ist ein Zeichengerät, das einen Kreis um einen Punkt zeichnet. Das Wort „Zirkel“ stammt aus der lateinischen Sprache und bedeutet „Kreisbahn“. Der Zirkel besteht aus einem Drehbolzen und zwei Schenkeln. Manchmal sind beide Schenkel durch eine Einstellschraube für den Kreisradius verbunden.

Am Ende des einen Schenkels befindet sich eine Spitze (Metallnadel) und am Ende des anderen Schenkels eine Bleistiftmine.

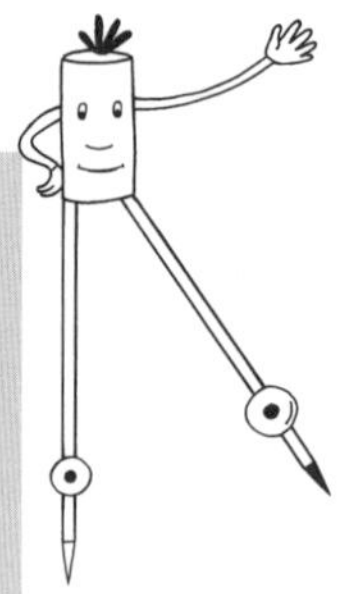

Zacharias Zirkel

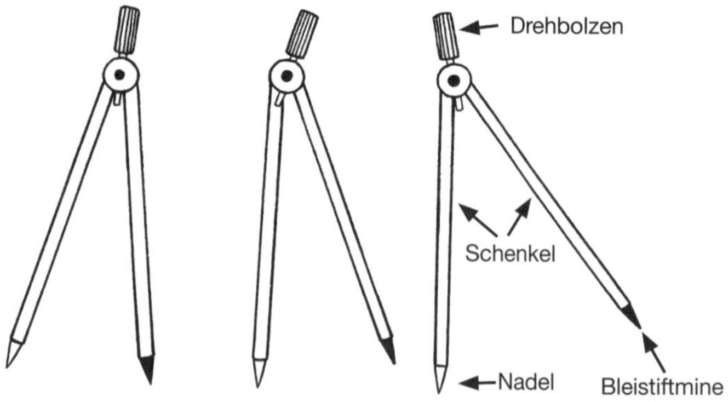

So zeichnest du Kreise mit dem Zirkel:

Du willst einen Kreis mit dem Radius (= r) von z. B. 5 cm zeichnen.

1. Stelle mithilfe des Lineals r = 5 cm ein, indem du die Spitze auf die „0“ und die Bleistiftmine des Zirkels auf die „5“ der Millimeter-Skala des Lineals stellst.
2. Zeichne ein x auf dein Zeichenblatt. Dieses x ist der spätere Mittelpunkt (= M) des Kreises. Steche mit der Spitze deines Zirkels in das x.
3. Halte den Drehbolzen des Zirkels zwischen Daumen und Zeigefinger und drehe den Schenkel mit der Bleistiftmine um die eingestochene Spitze, bis du einen Kreis gezeichnet hast.
   Übe dabei, die Nadelspitze zu belasten.

Der Kreis:

Mittelpunkt (= M): Der Mittelpunkt hat immer den gleichen Abstand von der Kreislinie, sonst ist es kein Kreis!

Radius (= r): Der Radius ist der Abstand zwischen der Kreislinie und dem Mittelpunkt (= M).

Durchmesser (= d): Der Durchmesser ist die Länge einer Strecke, die durch den Mittelpunkt verläuft und die Kreislinie zweimal berührt.

Umfang (= U): Alle Punkte auf der Kreislinie haben den gleichen Abstand zum Mittelpunkt (= M). Die Länge der Kreislinie ist der Umfang des Kreises.

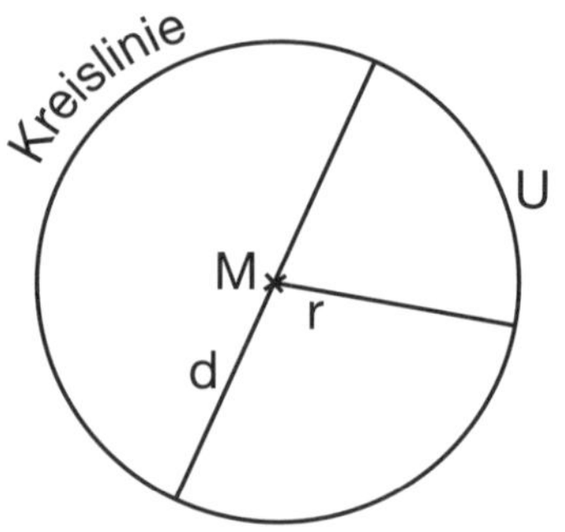

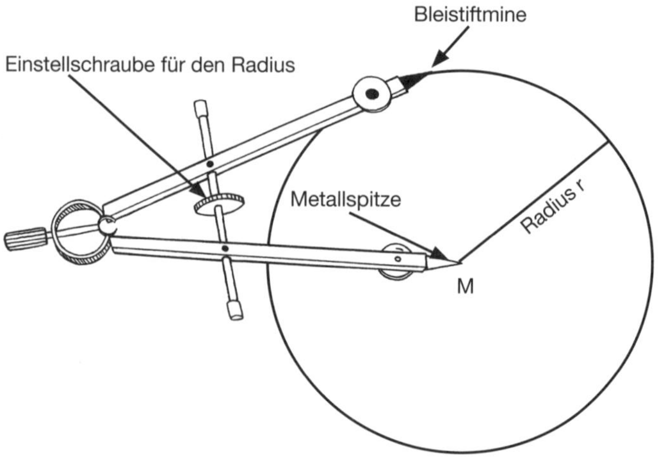

Formeln für den Kreis:
(r = Radius, d = Durchmesser, U = Umfang, ≈ ungefähr)

$r + r = d$ $2 \cdot r = d$ $d : 2 = r$

$r \cdot 6 \approx U$ $U : 6 \approx r$ $d \cdot 3 \approx U$ $U : 3 \approx d$ $0{,}75 \cdot d \cdot d \approx$ Kreisfläche

Mit dem Zirkel frei zeichnen

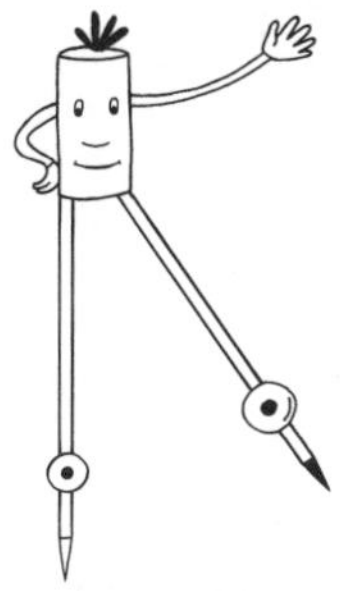

1. Zeichne eigene und diese Figuren mit dem Zirkel – auch auf die Rückseite deines Blattes:
   a) Lachgesichter/ Smileys,
   b) Schneemann,
   c) Wurfscheibe mit mehreren Ringen,
   d) die fünf Olympischen Ringe.

INFO-BOX

So zeichnest du Kreise mit dem Zirkel:

Du willst einen Kreis mit dem Radius (= r) von z. B. 5 cm zeichnen.

1. Stelle mithilfe des Lineals r = 5 cm ein, indem du die Spitze auf die „0" und die Bleistiftmine des Zirkels auf die „5" der Millimeter-Skala des Lineals stellst.
2. Zeichne ein x auf dein Zeichenblatt. Dieses x ist der spätere Mittelpunkt (= M) des Kreises. Steche mit der Spitze deines Zirkels in das x.
3. Halte den Drehbolzen des Zirkels zwischen Daumen und Zeigefinger und drehe den Schenkel mit der Bleistiftmine um die eingestochene Spitze, bis du einen Kreis gezeichnet hast.
   Übe dabei, die Nadelspitze zu belasten.

Fertig? Dann male Zacharias Zirkel einen lachenden Mund ins Gesicht.

Das kannst du auch noch machen:

2. Zeichne mit dem Zirkel Regelschilder für deine Klasse und Schule. Hänge sie auf.
3. Zeichne Kreise mit Kreide auf dem Schulhof. Welche Kreide-Formen sind Kreise, welche nicht? Woran liegt das?
4. Zirkel-Bastelmeister:
   Wie kannst du aus einer Heftzwecke, einem Faden und einem Bleistift einen Zirkel basteln?

Mit dem Zirkel genaue Kreise zeichnen

1. Zeichne mit dem Zirkel weiter, sodass Kreise entstehen.

a)

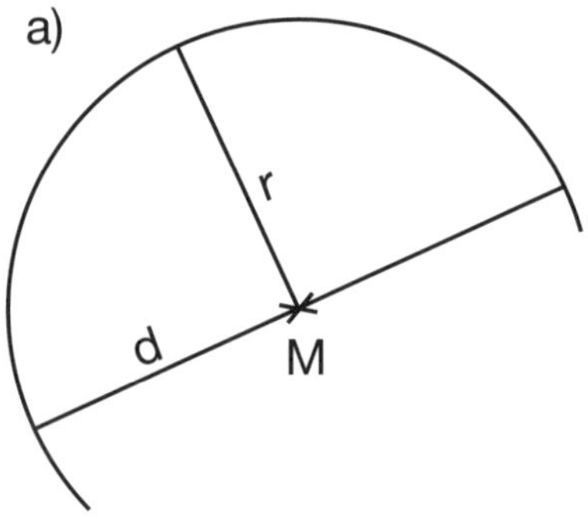

b)

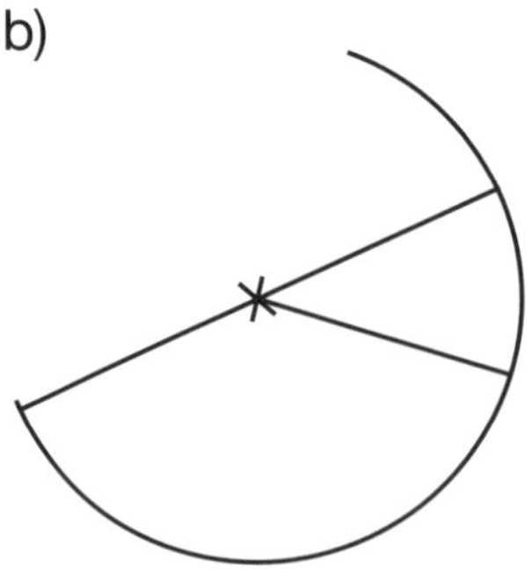

INFO-BOX

So zeichnest du Kreise mit dem Zirkel:

Du willst einen Kreis mit dem Radius (= r) von z. B. 5 cm zeichnen.

1. Stelle mithilfe des Lineals r = 5 cm ein, indem du die Spitze auf die „0“ und die Bleistiftmine des Zirkels auf die „5“ der Millimeter-Skala des Lineals stellst.
2. Zeichne ein x auf dein Zeichenblatt. Dieses x ist der spätere Mittelpunkt (= M) des Kreises. Steche mit der Spitze deines Zirkels in das x.
3. Halte den Drehbolzen des Zirkels zwischen Daumen und Zeigefinger und drehe den Schenkel mit der Bleistiftmine um die eingestochene Spitze, bis du einen Kreis gezeichnet hast.
Übe dabei, die Nadelspitze zu belasten.

c)

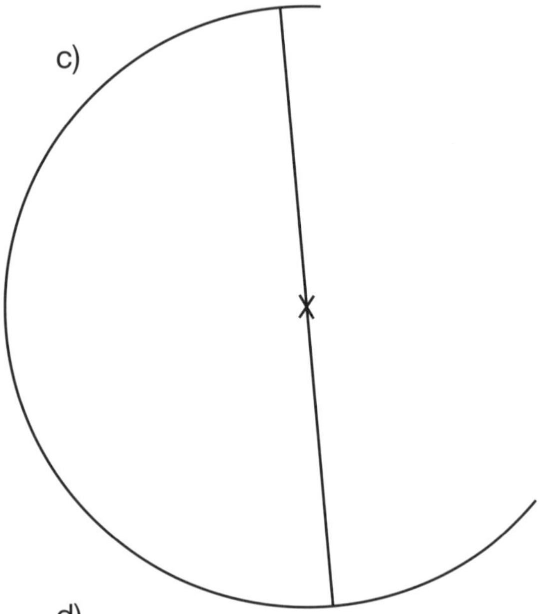

e)

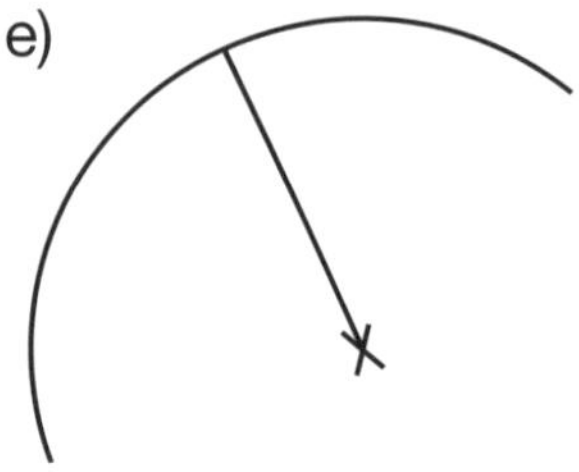

f)

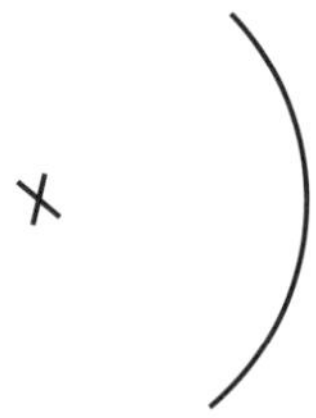

d)

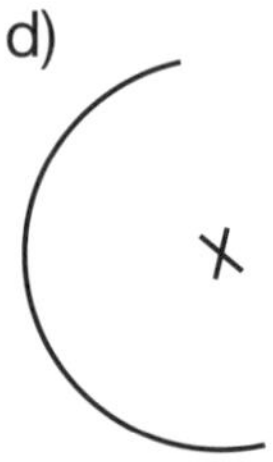

2. Schreibe nun M (= Mittelpunkt), r (= Radius) und d (= Durchmesser) in die Kreise.
3. Miss r und d. Schreibe die Längen daneben.

Das kannst du auch noch machen:

4. Zeichne auf dem Schulhof Kreide-Kreise mit einem Radius von 1 m, 2 m und 3 m. Wie machst du das? *Tipp:* Benutze ein Springseil.
5. Bildet einen Stehkreis auf dem Schulhof. Wo ist der Mittelpunkt? Und wo muss jeder Schüler stehen? Wie groß sind Durchmesser und Radius des Stehkreises? Wie messt ihr?

Radius und Durchmesser eines Kreises

1. Zeichne die Kreise mit dem Zirkel vollständig.
2. Zeichne in die Kreise mit Lineal oder Geodreieck mit Buntstiften:
   - eine rote Linie = Radius r und
   - eine blaue Linie = Durchmesser d.
3. Beschrifte die Kreise mit r, d, M und Kreislinie.
4. Miss r und d. Schreibe daneben.

INFO-BOX

Mittelpunkt (= **M**): Der Mittelpunkt hat immer den gleichen Abstand von der Kreislinie, sonst ist es kein Kreis!

Radius (= **r**): Der Radius ist der Abstand zwischen der Kreislinie und dem Mittelpunkt (= M).

Durchmesser (= **d**): Der Durchmesser ist die Länge einer Strecke, die durch den Mittelpunkt verläuft und die Kreislinie zweimal berührt.

Kreis-Formeln:

$r + r = d \qquad 2 \cdot r = d \qquad d : 2 = r$

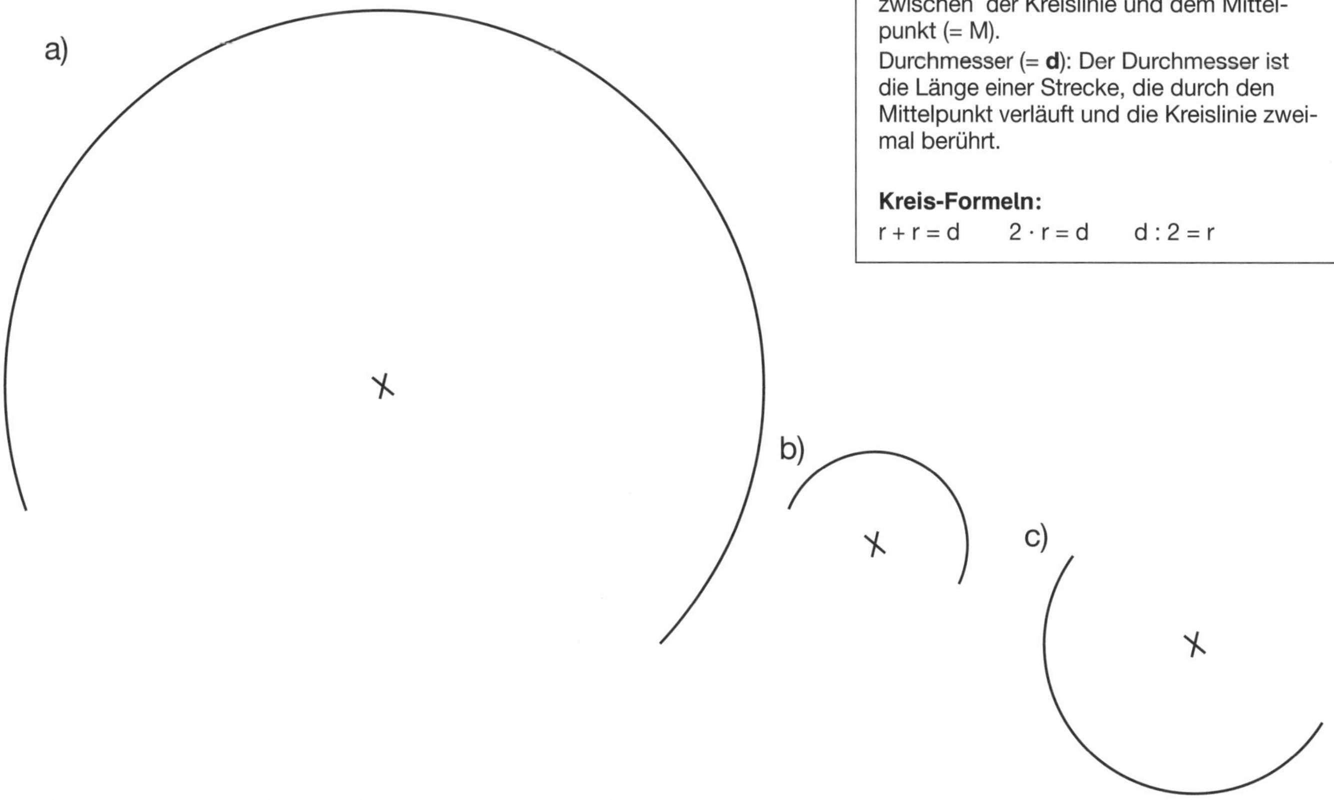

5. Berechne mithilfe der Formeln aus der Info-Box:

	Kreis 1	Kreis 2	Kreis 3	Kreis 4
Radius r =	3 cm	6 cm		
Durchmesser d =			8 cm	15 cm

Zeichne diese vier Kreise in dein Heft und überprüfe mit dem Lineal

Das kannst du auch noch machen:

6. Zeichne einen Kreis mit r = 9 cm auf ein leeres Blatt Papier. Zeichne Radius und Durchmesser hinein. Beschrifte den Kreis mit r, d, M, Kreislinie. Hänge das Blatt bei dir im Kinderzimmer auf.
7. Das „Kreis-Schätz-Spiel“:
   Bildet Spielgruppen. Ein Kind nennt einen Radius oder einen Durchmesser. Die anderen Kinder zeichnen nun den passenden Kreis. Dabei müssen sie den Radius am Zirkel ohne Lineal einstellen. Alle Kreise werden dann gemessen. Das Kind, welches am genauesten gezeichnet hat, erhält einen Punkt. Nun nennt das nächste Kind einen Radius oder Durch-

Umfang eines Kreises

1. Zeichne die Kreise mit dem Zirkel vollständig.
2. Zeichne in die Kreise mit Lineal oder Geodreieck:
   - eine rote Linie = Radius r und
   - eine blaue Linie = Durchmesser d.
3. Beschrifte die Kreise mit r, d, M und Kreislinie.
4. Miss r und d. Miss den Umfang U mithilfe von Wollfaden und Lineal. Schreibe die Lösungen daneben.

INFO-BOX

Mittelpunkt (= **M**): Der Mittelpunkt hat immer den gleichen Abstand von der Kreislinie, sonst ist es kein Kreis!

Kreisumfang (= **U**): Alle Punkte auf der Kreislinie haben den gleichen Abstand zum Mittelpunkt (= M). Die Länge der Kreislinie ist der Umfang des Kreises.

Radius (= **r**): Der Radius ist der Abstand zwischen der Kreislinie und dem Mittelpunkt (= M).

Durchmesser (= **d**): Der Durchmesser ist die Länge einer Strecke, die durch den Mittelpunkt verläuft und die Kreislinie zweimal berührt.

Kreis-Formeln:

$r + r = d$ $2 \cdot r = d$ $d : 2 = r$

$d \cdot 3 \approx U$ $U : 3 \approx d$ $r \cdot 6 \approx U$ $U : 6 \approx r$

a)

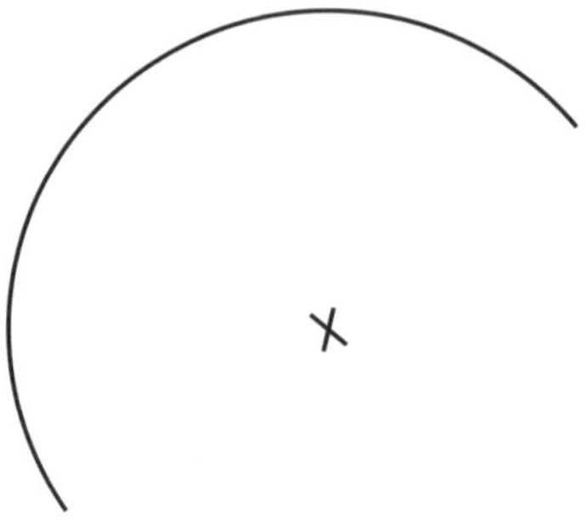

b)

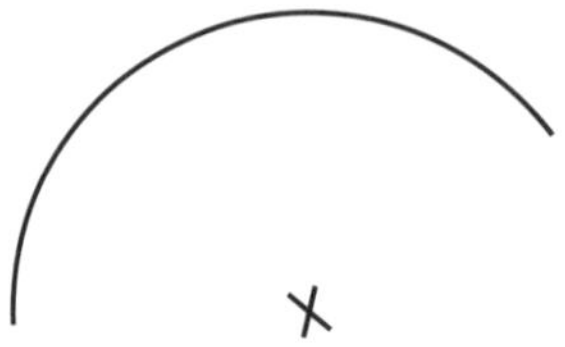

c)

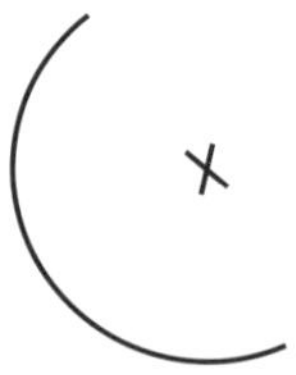

d)

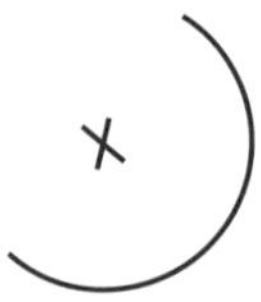

e)

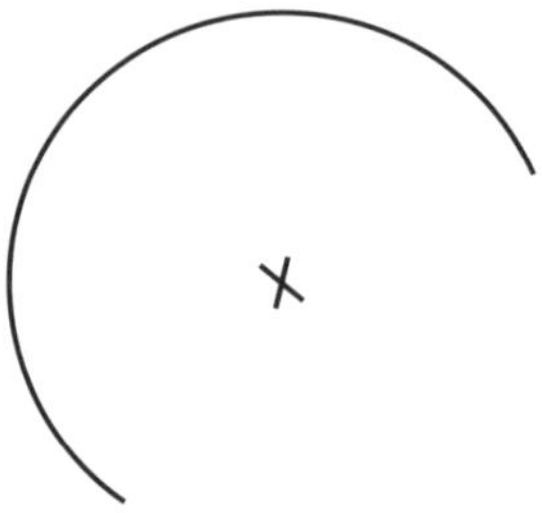

5. Berechne mithilfe der Formeln aus der Info-Box:

	Kreis 1	Kreis 2	Kreis 3	Kreis 4
Radius r =	2 cm	5 cm		
Durchmesser d =			9 cm	12 cm
Umfang U ≈				

Zeichne diese vier Kreise in dein Heft und überprüfe mit dem Lineal.

Das kannst du auch noch machen:

6. Zeichne einen Kreis mit r = 8 cm auf ein leeres Blatt Papier. Zeichne Radius und Durchmesser hinein. Beschrifte den Kreis mit r, d, M, Kreislinie. Schreibe auch alle Kreis-Formeln auf. Hänge das Blatt bei dir im Kinderzimmer auf.
7. Das „Kreis-Schätz-Spiel“:
   Bildet Spielgruppen. Ein Kind nennt einen Radius oder einen Durchmesser oder einen Umfang. Die anderen Kinder zeichnen nun den passenden Kreis. Dabei müssen sie den Radius am Zirkel ohne Lineal einstellen. Alle Kreise werden dann gemessen. Das Kind, welches am genauesten gezeichnet hat, erhält einen Punkt. Nun nennt das nächste Kind einen Radius oder Durchmesser. Gewonnen hat, wer zuerst 3 Punkte hat.

Mit dem Zirkel Muster zeichnen

1. Zeichne diese Muster nach.
   a) Spure zuerst mit dem Zirkel die Muster nach.
   b) Übertrage sie in dein Heft oder auf leere Blätter. Male sie farbig an. Kannst du die Muster auch vergrößern?

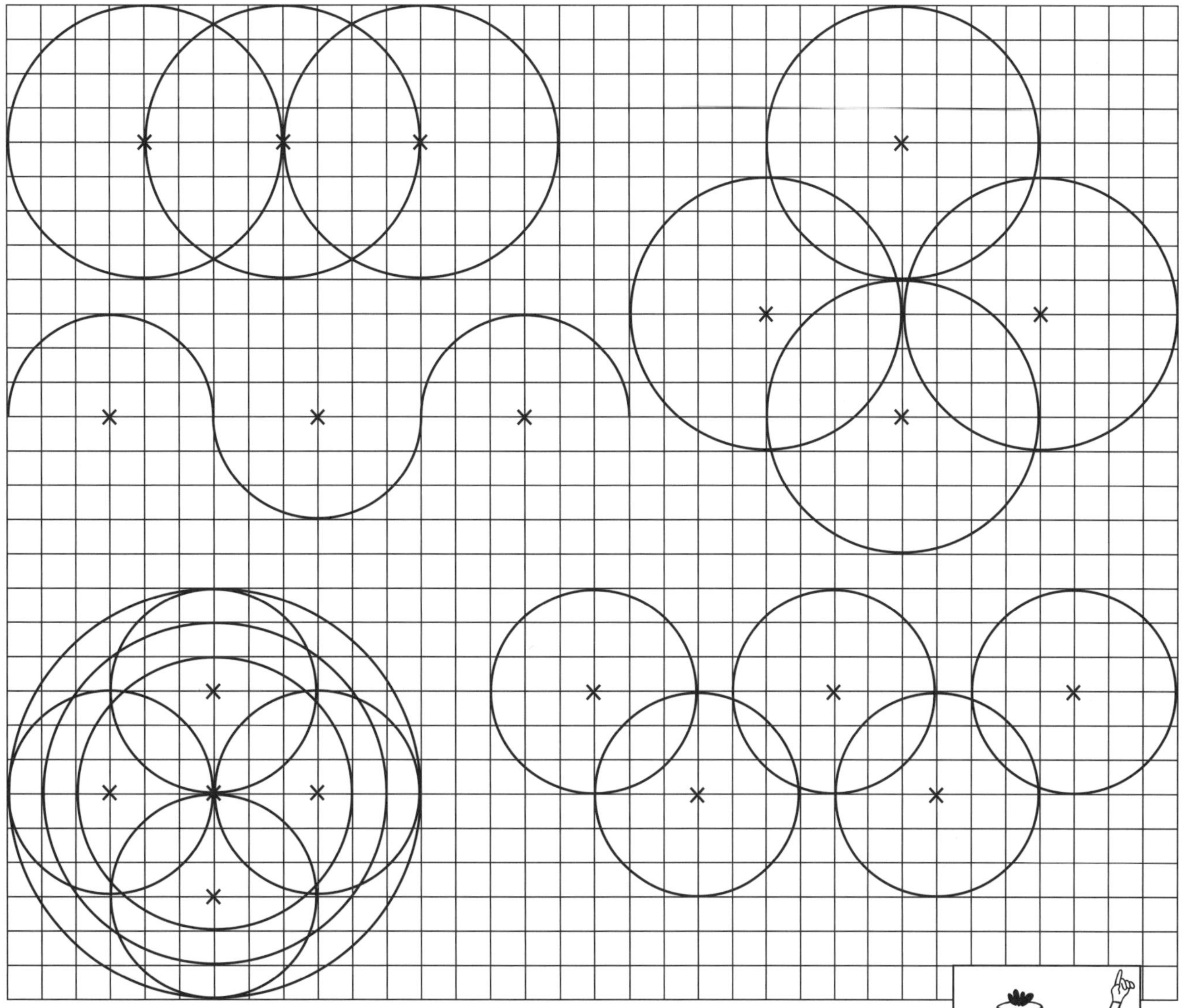

Das kannst du auch noch machen:

2. Das „Kreis-Muster-Spiel“: Bildet Spielgruppen. Jedes Kind zeichnet mit seinem Zirkel auf mehrere Blätter jeweils ein kleines Muster. Kind A legt nun eines seiner Kreis-Muster offen auf den Tisch. Die Kinder haben 10 Sekunden Zeit, sich das Kreis-Muster einzuprägen. Das Blatt wird umgedreht. Dann haben die restlichen Kinder zwei Minuten Zeit, das Kreis-Muster mit Zirkel nachzuzeichnen. Kind A entscheidet, wer das Muster am besten nachgezeichnet hat und vergibt einen Punkt. Nun legt Kind B eines seiner Kreis-Muster offen auf

…Wehren: Der Zeichengeräte-Führerschein · Best.Nr. 547
…g Pädagogik Verlag GmbH, Augsburg

Generalprobe „Goldener Zeichengeräte-Führerschein“

1. Zeichne und miss diese Strecken mit dem Lineal:

$\overline{AB}$ = 17,5 cm, $\overline{CD}$ = 14,3 cm, $\overline{EF}$ = 8,8 cm, $\overline{IJ}$ = ________, $\overline{KL}$= ________, $\overline{MN}$ = ________.

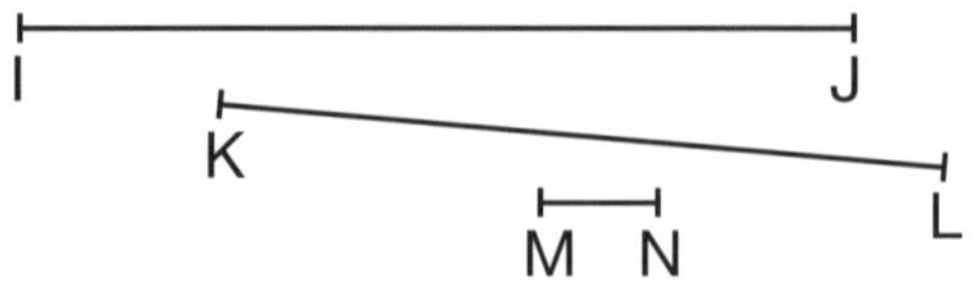

2. Male und beschrifte das Geodreieck. Verbinde die Begriffe mit dem Geodreieck.

Nullpunkt Lineal äußere Skala innere Skala 90°-Markierung 45°-Markierung parallele Hilfslinien

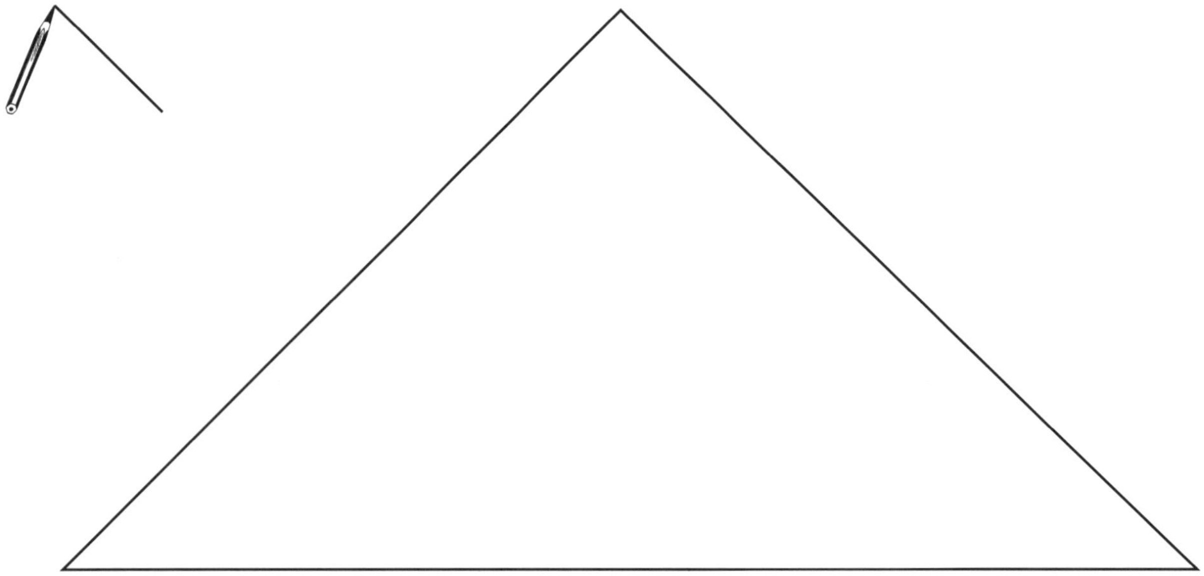

3. Zeichne mit Geodreieck und Bleistift :
   a) parallele Linien.
   b) drei Winkel. Miss deine Winkel und schreibe auf.

4. Falte aus zwei Blättern einen Faltwinkel und Faltparallele.

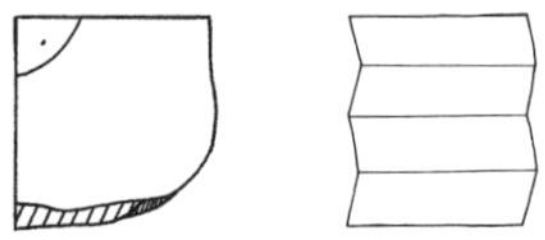

5. Verbinde die Begriffe mit Zirkel und Kreis.

Schenkel

Nadel

Bleistiftmine

Drehbolzen

Einstellschraube

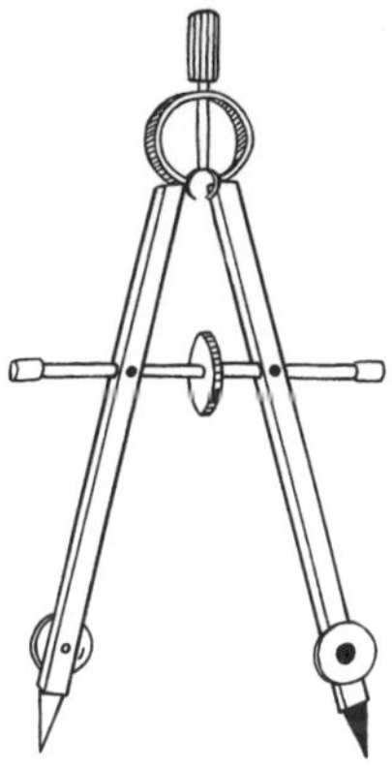

Radius (= r)

Durchmesser (= d)

Kreislinie (Umfang= U)

Mittelpunkt (= M)

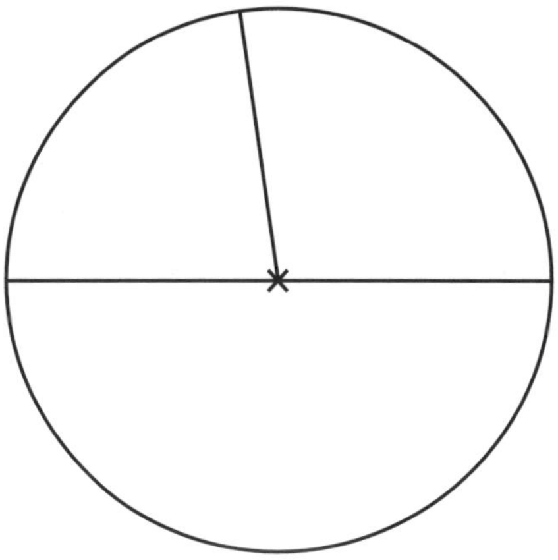

6. Zeichne diese Kreise: a) r = 1 cm, b) r = 1,5 cm, c) d = 3 cm.

7. Miss r und d. Schreibe auf.

a)

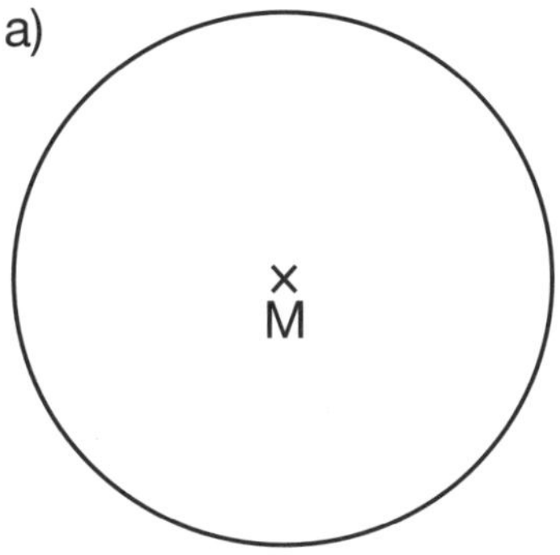

b)

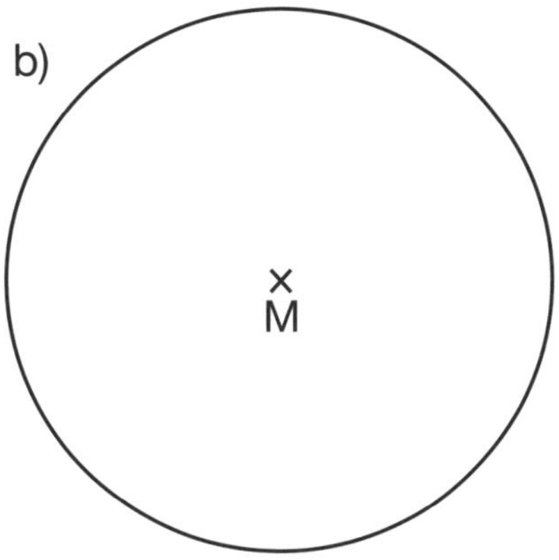

c)

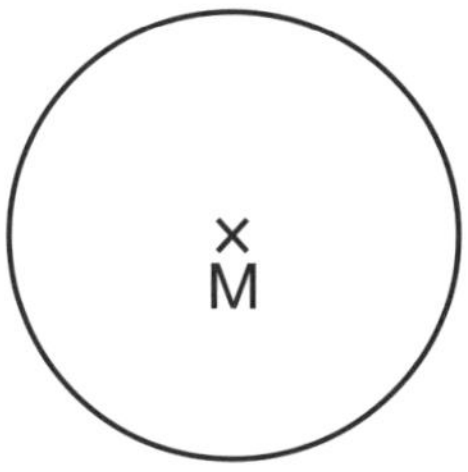

8. Berechne mithilfe der Formeln: a) r + r = d, b) d : 2 = r, c) r · 6 ≈ U, d) d · 3 ≈ U

	Kreis 1	Kreis 2	Kreis 3	Kreis 4
Radius r =	2 cm	6 cm		≈
Durchmesser d =			7 cm	≈
Umfang U ≈	12 cm			30 cm

So sind dir die Aufgaben gelungen:

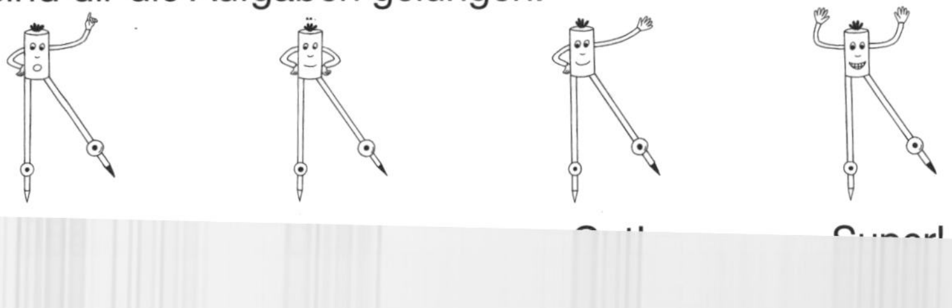

Name, Klasse

/ehren: Der Zeichengeräte-Führerschein · Best.Nr. 547
Pädagogik Verlag GmbH, Augsburg

Prüfung „Goldener Zeichengeräte-Führerschein“

1. Zeichne und miss diese Strecken mit dem Lineal:

$\overline{AB}$ = 18,5 cm, $\overline{CD}$ = 15,3 cm, $\overline{EF}$ = 7,8 cm, $\overline{IJ}$ = ________, $\overline{KL}$= ________, $\overline{MN}$ = ________.

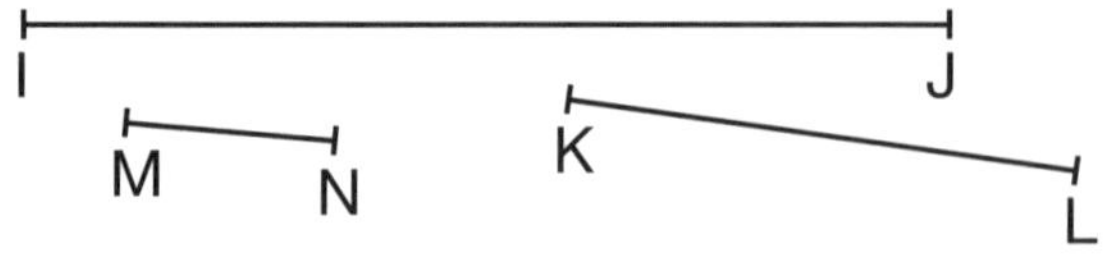

2. Male und beschrifte das Geodreieck. Verbinde die Begriffe mit dem Geodreieck.

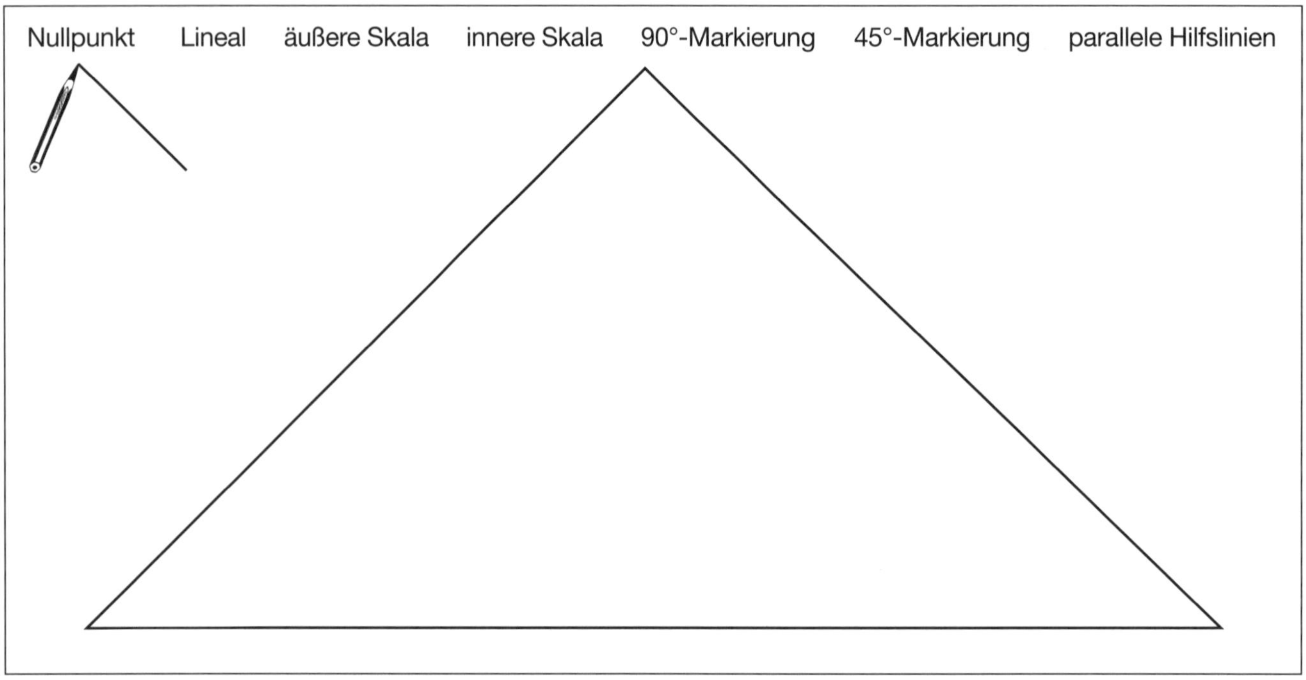

3. Zeichne mit Geodreieck und Bleistift :
   a) parallele Linien.
   b) drei Winkel. Miss deine Winkel und schreibe auf.

4. Falte aus zwei Blättern einen Faltwinkel und Faltparallele.

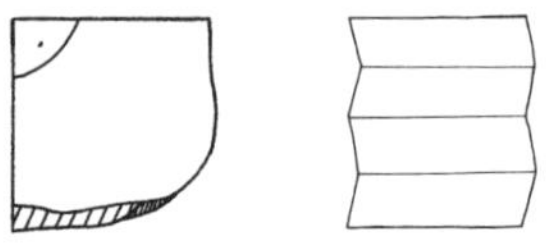

5. Verbinde die Begriffe mit Zirkel und Kreis.

Schenkel

Nadel

Bleistiftmine

Drehbolzen

Einstellschraube

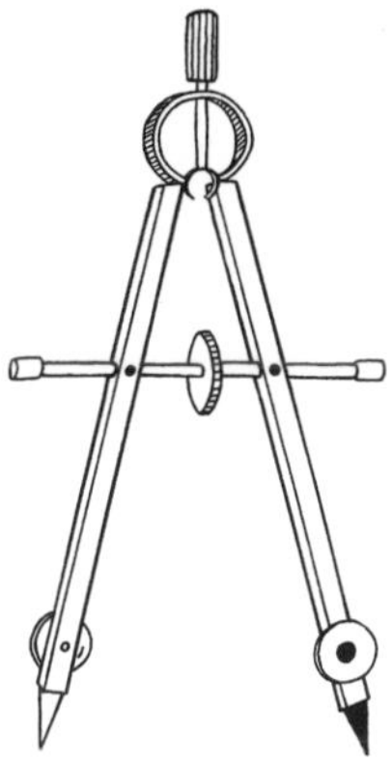

Radius (= r)

Durchmesser (= d)

Kreislinie (Umfang= U)

Mittelpunkt (= M)

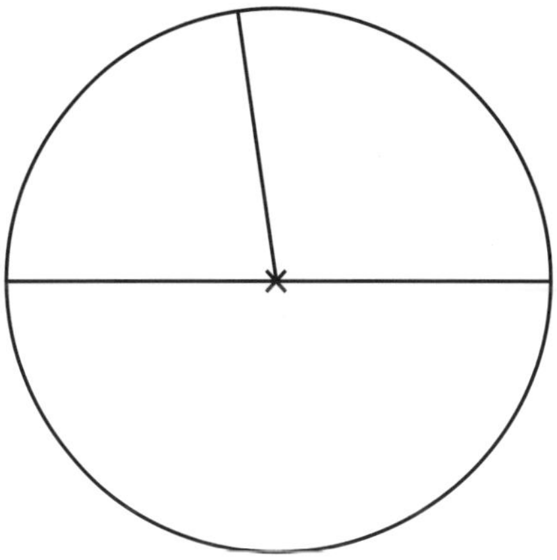

6. Zeichne diese Kreise: a) r = 0,8 cm, b) r = 1,3 cm, c) d = 2,6 cm.

7. Zeichne die Kreise vollständig. Miss r und d. Schreibe auf.

a) b) c)

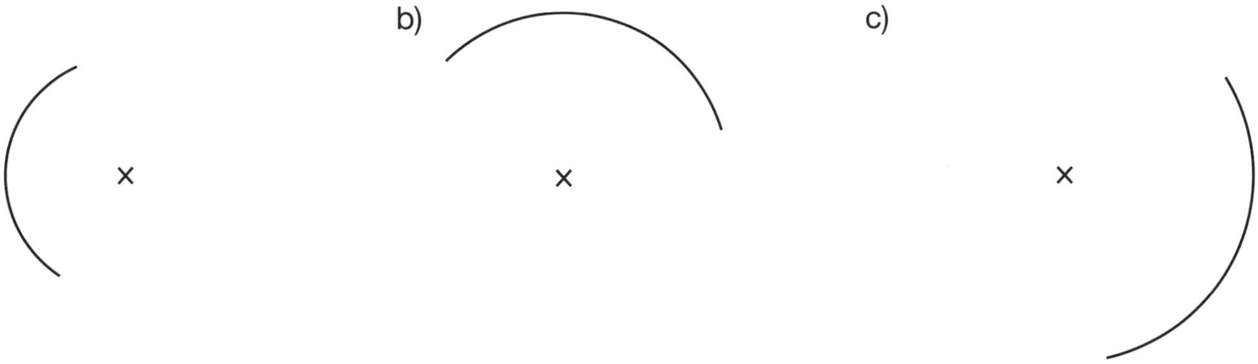

8. Berechne mithilfe der Formeln: a) r + r = d, b) d : 2 = r, c) r · 6 ≈ U, d) d · 3 ≈ U

	Kreis 1	Kreis 2	Kreis 3	Kreis 4
Radius r =	3 cm	5 cm		≈
Durchmesser d =			9 cm	≈
Umfang U ≈	18 cm			42 cm

Name, Klasse

Dein Ergebnis der „Goldenen Zeichengeräte-Führerscheinprüfung“:

Du hast

☐ bestanden.

☐ noch nicht bestanden.

Wehren: Der Zeichengeräte-Führerschein · Best.Nr. 547
g Pädagogik Verlag GmbH, Augsburg

Geometrische Kunstbilder

1. Zeichne ein geometrisches Kunstbild aus Dreiecken, Vierecken, Kreisen usw.
   Benutze dabei zuerst nur Bleistift, Lineal, Geodreieck, Zirkel und zuletzt Buntstifte.

Das kannst du auch noch machen:

2. Zeichne ein weiteres Bild mit den Zeichengeräten ohne Hilfslinien.
3. Das „Formen-Such-Spiel“:
   Wer findet alle roten Dreiecke, blauen Kreise usw. in deinem Bild?
4. Plant gemeinsam eine Kunstausstellung „Geometrische Kunstbilder“. Ladet eure Eltern und andere Klassen ein.

Mandalas selber zeichnen

1. Mithilfe dieser Vorlage kannst du dein eigenes Mandala zeichnen. Benutze deinen angespitzten Bleistift, dein Lineal, dein Geodreieck und deinen Zirkel.

   Zeichen-Tipps: Mandalas sind meistens rund. Von der Mitte her wiederholen sich verschiedene Formen, immer im Kreis herum. Fang entweder in der Mitte oder auf der Kreislinie an, z. B. Kreise oder Vierecke zu zeichnen. Am Rand eines Kreises oder Vierecks kannst du dann z. B. den Zirkel oder das Geodreieck ansetzen und kleinere Kreise oder Drei- und Vierecke, die sich überschneiden, zeichnen.

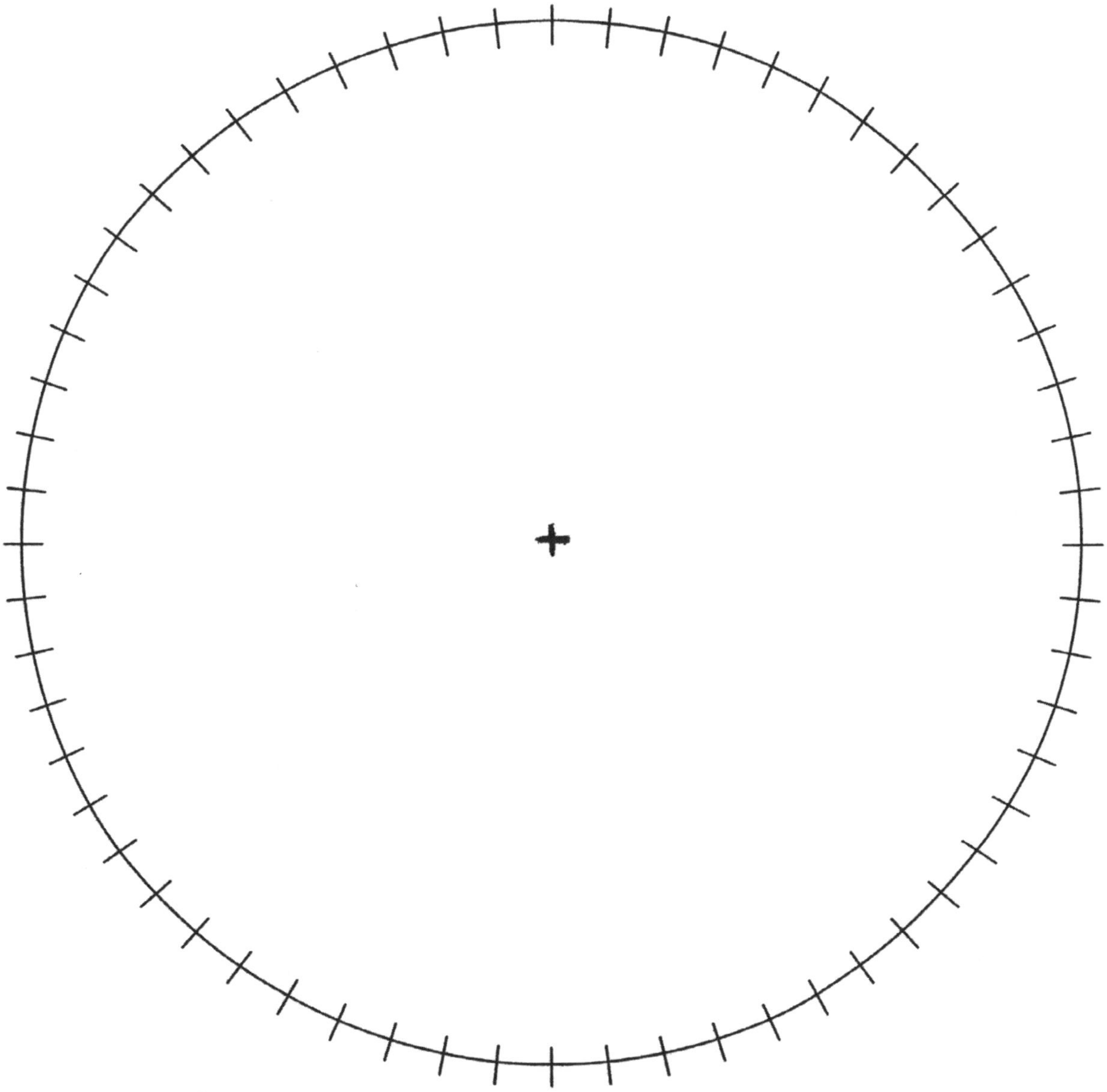

Das kannst du auch noch machen:

2. Zeichnet in Gruppen kleine oder riesige Mandalas mit bunter Kreide auf den Schulhof.

Tangram selber zeichnen, Figuren nachlegen und neue Figuren erfinden

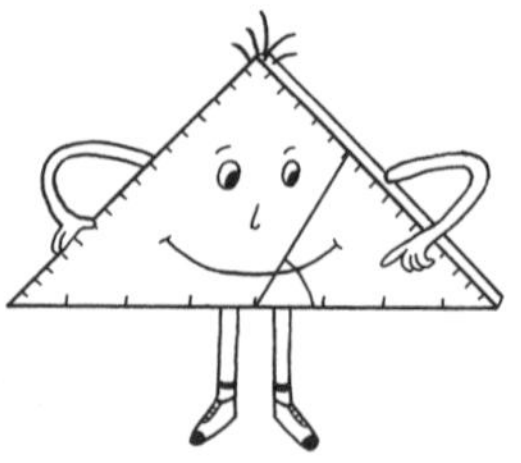

1. Zeichne mithilfe der Vorlage dein eigenes Tangram.
2. Vergrößere es um das Doppelte.

Tangram-Vorlage

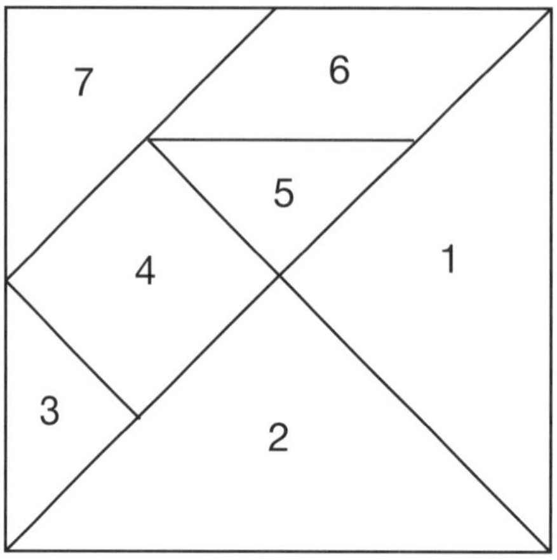

3. Schneide deine Tangram-Teile aus.
4. Lege diese Figuren mit den sieben Tangram-Teilen.

Das kannst du auch noch machen:

5. Erfinde eigene Figuren. Zeichne die Umrisse mit Bleistift. Lass dann deine Figuren von den anderen legen.
6. Lege eine Tangram-Figuren-Kartei an.

Spielfelder selber zeichnen

1. Zeichne und vergrößere die Spielfelder mit Bleistift, Lineal, Geodreieck und Zirkel auf ein Blatt Papier oder einen Karton. Male die Spielfelder an.

Mühle

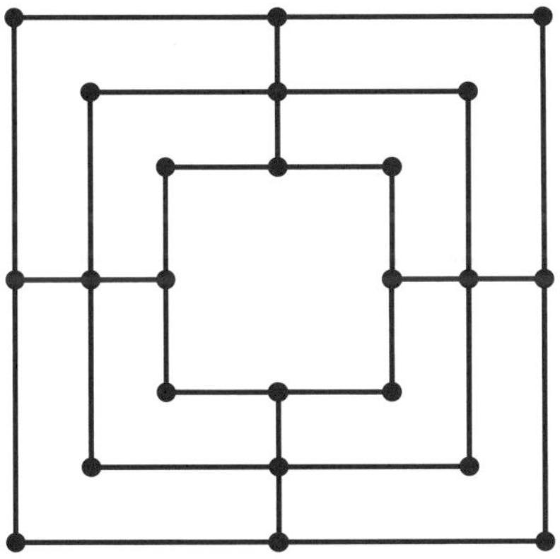

Dame und Schach

Halma

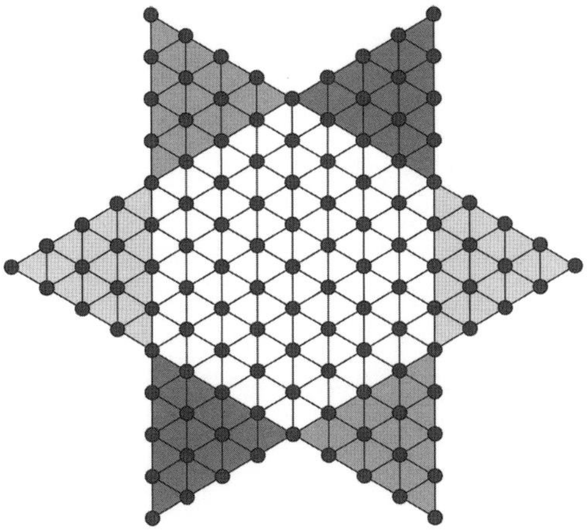

Mensch-ärgere-dich-nicht

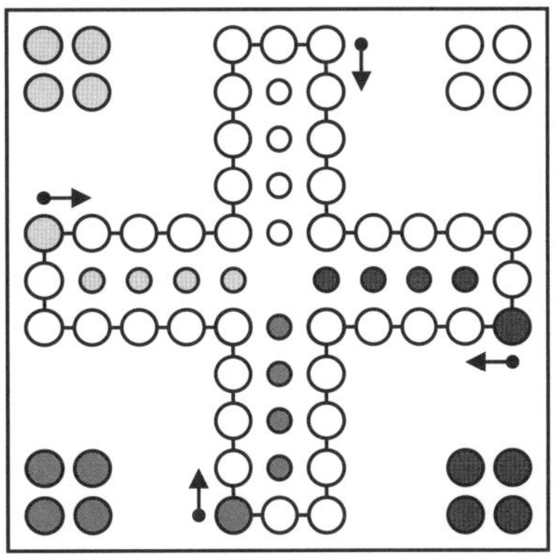

Schiffe versenken

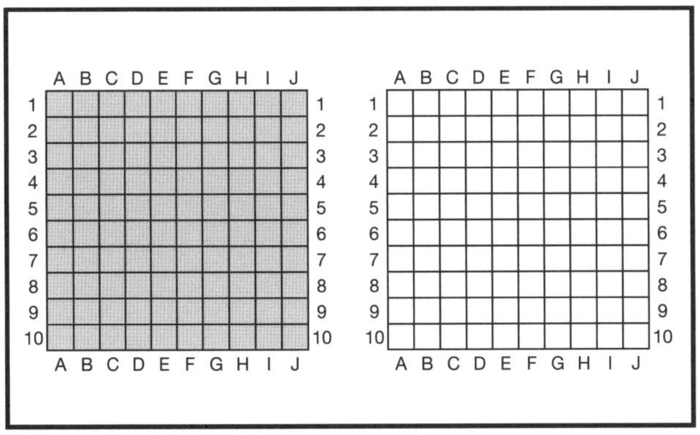

Leiterspiel

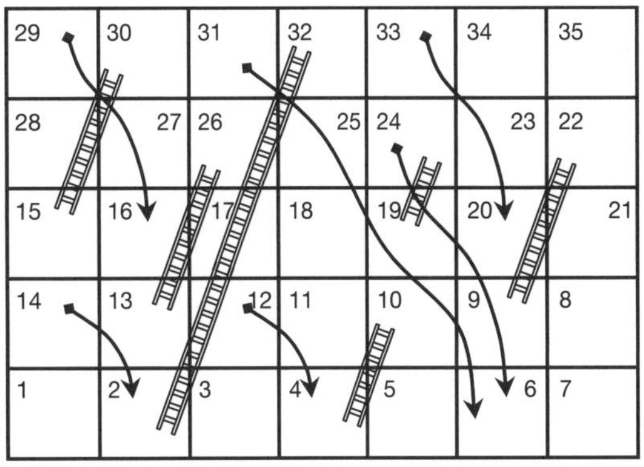

Das kannst du auch noch machen:

2. Forsche im Internet nach den Spielregeln und dem nötigen Spielmaterial. Bastele.
3. Forsche im Internet nach weiteren Spielen mit Spielfeldern, deren Regeln und dem

Mit Geodreieck und Zirkel „Das kleine 1 x 1“ üben

1. Verbinde die Einerstellen der kleinen 1x1-Reihen auf den Einmaleins-Uhren mit Bleistift und Geodreieck, z. B. 3er-Reihe: 3-6-9-12-15-18-21-24-27-30.
2. Zeichne weitere Einmaleins-Uhren mit Zirkel, Bleistift und Geodreieck mit den Mustern der 4er-Reihe, 5er-Reihe, 6er-Reihe, 7er-Reihe, 8er-Reihe und 9er-Reihe.

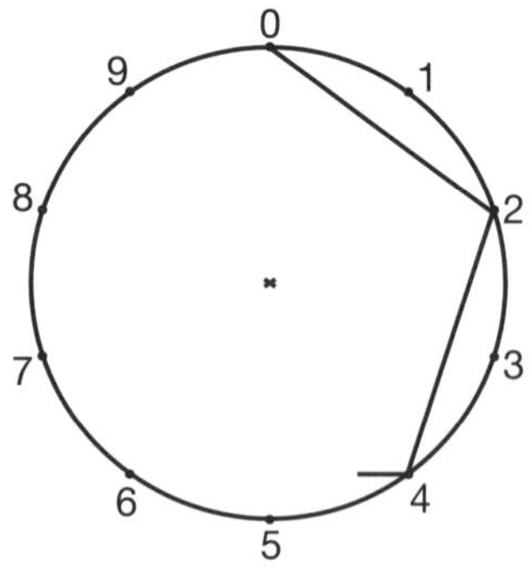

2er-Reihe

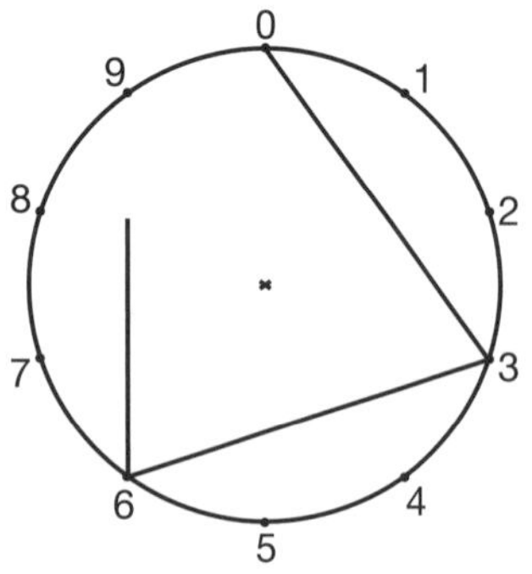

3er-Reihe

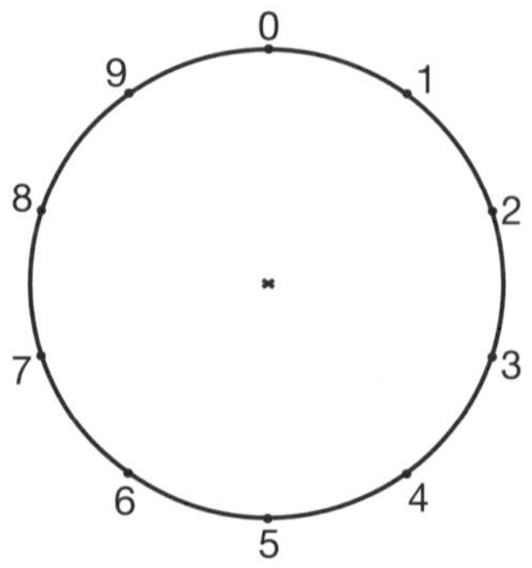

4er-Reihe

5er-Reihe

3. Welche Muster sind gleich? Schreibe auf.

Das kannst du auch noch machen:

4. Das „1x1-Uhren-Muster-Spiel“: Zeichne nur das Muster auf. Wer erkennt die 1x1-Reihe(n)?
5. Hänge dieses Arbeitsblatt in deinem Kinderzimmer auf.

Mit Geodreieck und Zirkel „Das große 1 x 1“ üben

1. Verbinde die Einerstellen der großen 1x1-Reihen auf den Einmaleins-Uhren mit dem Lineal, z. B. 13er-Reihe: 13-26-39-52-65-78-91-104-117-130.
2. Zeichne weitere Einmaleins-Uhren mit Zirkel, Bleistift und Geodreieck mit den Mustern der 14er-Reihe, 15er-Reihe, 16er-Reihe, 17er-Reihe, 18er-Reihe und 19er-Reihe.

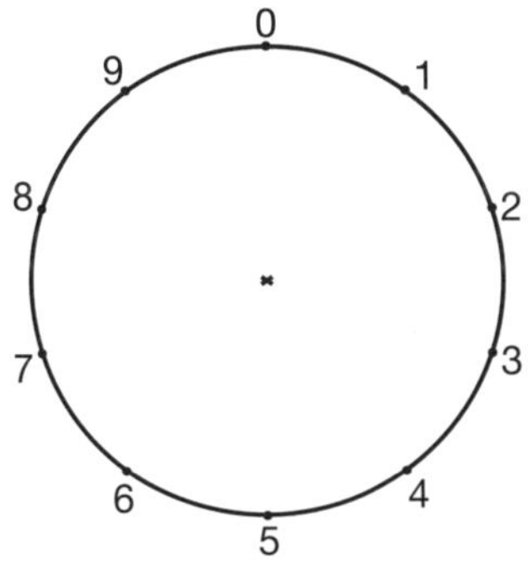

11er-Reihe

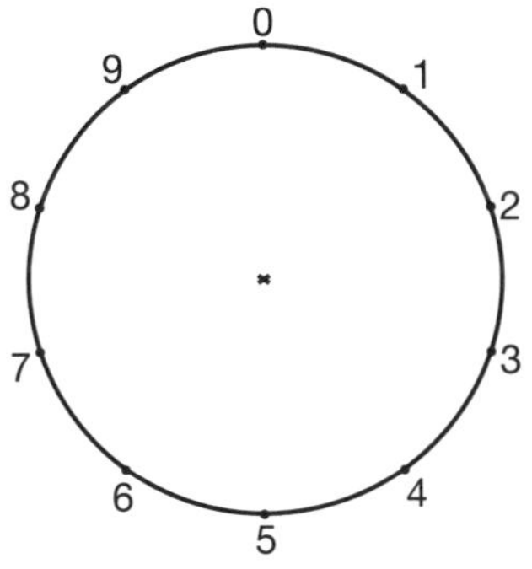

12er-Reihe

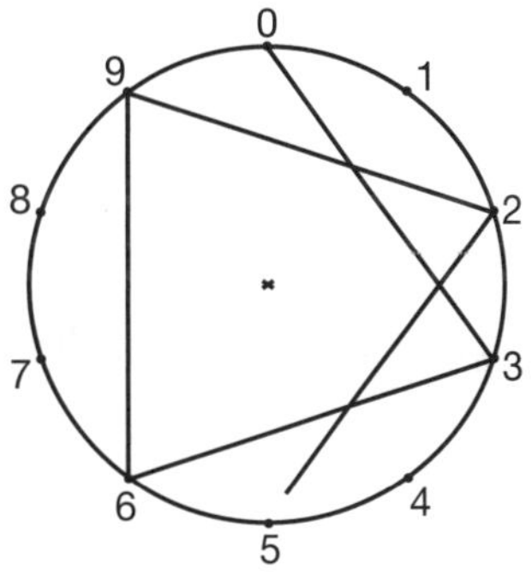

13er-Reihe

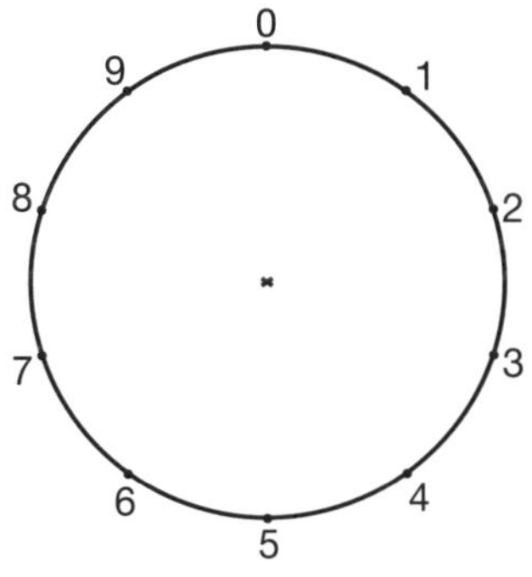

14er-Reihe

15er-Reihe

3. Welche Muster sind gleich? Schreibe auf.

Das kannst du auch noch machen:

4. Das „1x1-Uhren-Muster-Spiel“: Zeichne nur das Muster auf.
   Wer erkennt die 1x1-Reihe(n)?

Tabellen und Diagramme selber zeichnen

1. Zeichne die Hobby-Tabelle für deine Klasse ab und schreibe alle Namen der Schüler in die linke Spalte: Mädchennamen in rot und Jungennamen in blau. Schreibe ein weiteres Hobby in das rechte obere Kästchen.
2. Befrage deine Mitschüler: Mache ein x in das Kästchen, wenn das Kind das entsprechende Hobby hat.

Name	Fußball	Schwimmen	Reiten	Tanzen	

…

3. Zeichne ein passendes Hobby-Säulendiagramm, das etwa so aussieht:

Was könnt ihr in diesem Hobby-Säulendiagramm erkennen?

Das kannst du auch noch machen:

4. Zeichne eine Tabelle und ein Säulendiagramm für andere Themen: Lieblingsessen, Lieblingsmusik, Lieblingsfächer …

Labyrinthe und Irrgärten selber zeichnen

Echte Labyrinthe haben nur einen einzigen Weg.

1. Zeichne Spiralen und deine ersten Labyrinthe sind fertig.

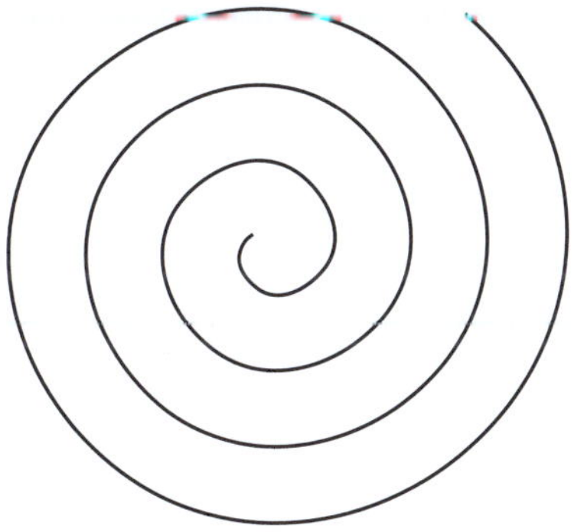

2. Zeichne den Irrgarten am linken und rechten Ausgang weiter.
   In Irrgärten kann man sich verirren. Sie haben falsche Wege und Sackgassen.

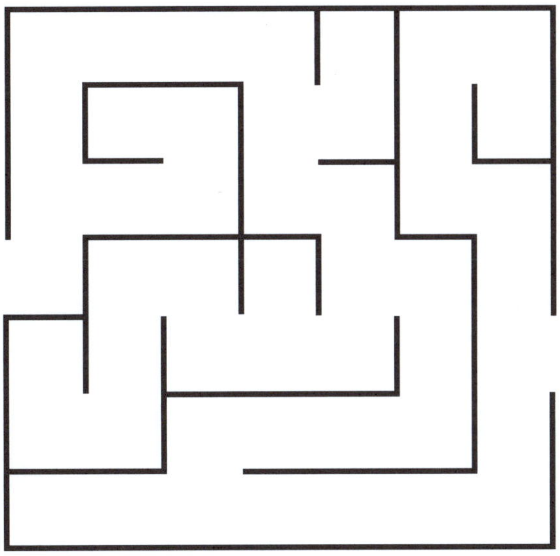

3. Zeichne nun eigene Irrgärten.
   a) Zeichne ein Rechteck mit zwei gegenüberliegenden Ausgängen (A und B).
   b) Zeichne <u>mit Bleistift</u> den späteren Lösungsweg von A nach B in den Irrgarten.
   c) Zeichne <u>mit Buntstift</u> Wände in das Rechteck hinein.
   d) Zeichne auch Sackgassen ein und radiere den Lösungsweg aus. Fertig!

Das kannst du auch noch machen:

4. Zeichne Labyrinthe und Irrgärten mit Kreide auf den Schulhof.
5. Baue Labyrinthe und Irrgärten mit Wollfäden, Stiften, Holzklötzen usw.

Papierflieger selber basteln und untersuchen

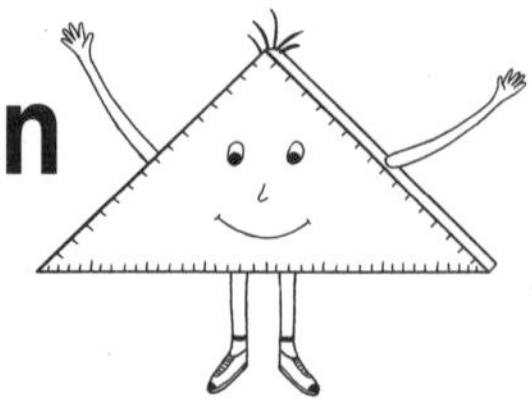

1. Bastele den Papierflieger nach der Anleitung.

   a) Lege die beiden langen Kanten eines DIN-A4-Blattes aufeinander. Falze das Blatt in der Mitte und falte es wieder auseinander.

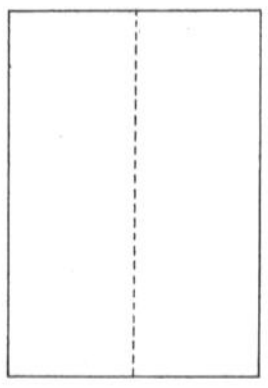

   b) Falte die oberen Ecken zur Mittelinie. Falze die schrägen Kanten.

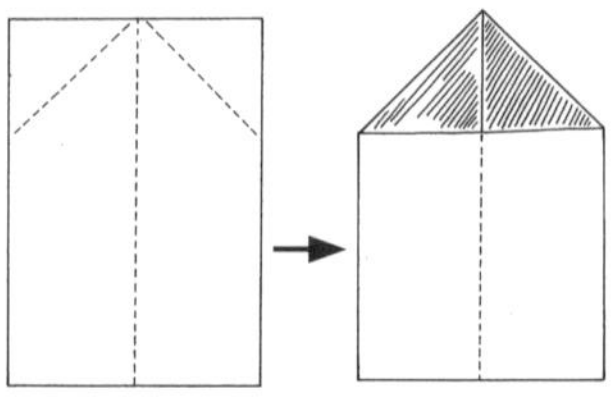

   c) Falte nochmals zur Mitte hin und falze die schrägen Kanten.

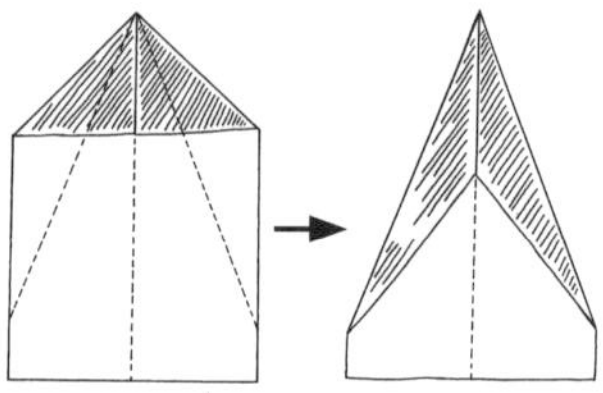

   d) Falte nun einen geraden Steg entlang der Mittellinie. Ziehe den Steg nach unten, sodass ein ca. 1 cm hoher Steg entsteht. An dem Steg hältst du den Flieger zwischen Daumen und Zeigefinger fest.

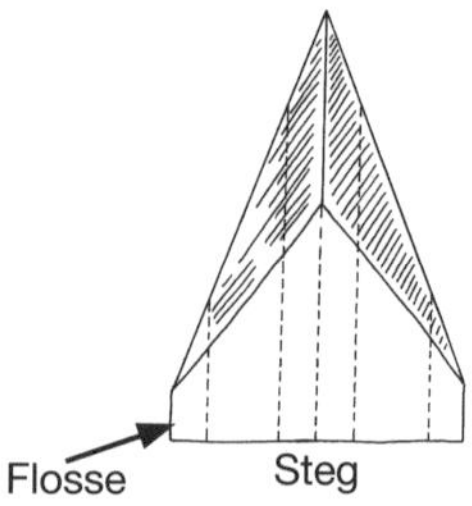

   e) Knicke zuletzt die Flossen am Ende der Flügel ca. 1 cm nach oben.

   f) So sollte dein Papierflieger nun aussehen.

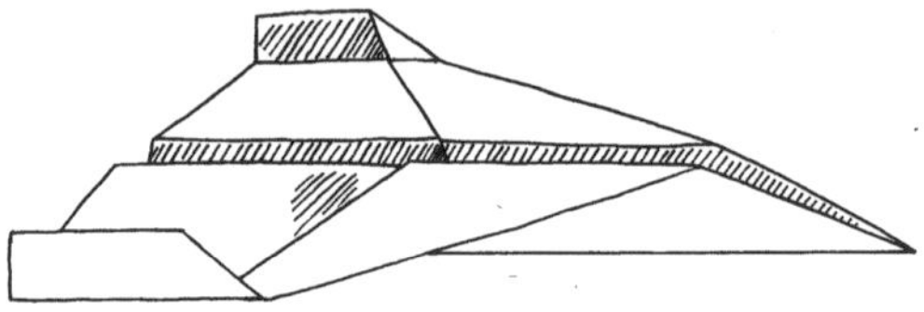

2. Falte den Flieger danach wieder auseinander und untersuche ihn:
   a) Schreibe die Begriffe „parallele Linie“, „senkrechte Linie“, „rechter Winkel“ an die entsprechenden Linien.
   b) Miss die Winkelgrößen und die Längen der Faltlinien. Schreibe sie auf den Flieger.
   c) Male deinen Papierflieger zuletzt bunt an und lass ihn fliegen.

3. Weitere Bastelanleitungen für Papierflieger findest du im Internet, z. B. unter: *http://www.spielkeks.de/index.php/Papierflieger.htm*

Das kannst du auch noch machen:

4. Veranstaltet einen Flugwettbewerb auf dem Schulhof.
5. Macht eine „Papierflieger-Ausstellung“. Untersucht die Flieger nach Parallelen, Winkeln usw.

Optische Täuschungen (I)

1. Schaue dir die optischen Täuschungen an.
   Vermute zuerst. Überprüfe dann mit Lineal, Geodreieck oder Zirkel.

a) Ist Kreis 1 oder Kreis 2 kleiner?

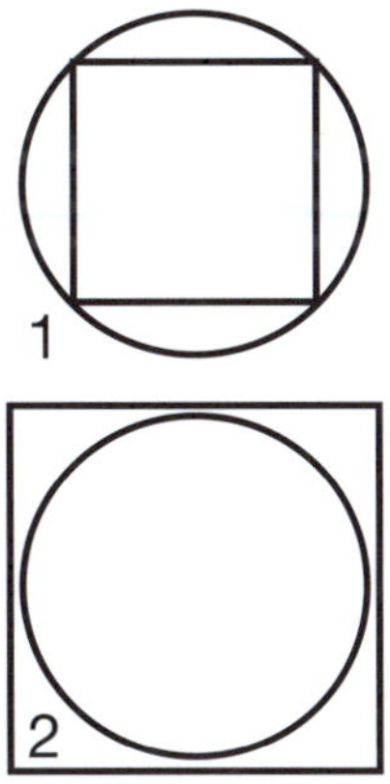

b) Welche Linien sind schräg oder parallel?

c) Ist Figur 1 oder Figur 2 ein Quadrat?

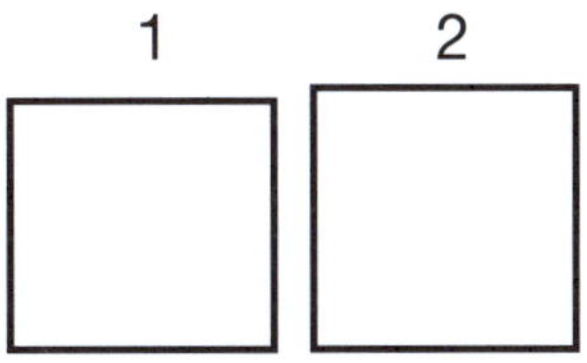

d) Hat diese Figur rechte Winkel?

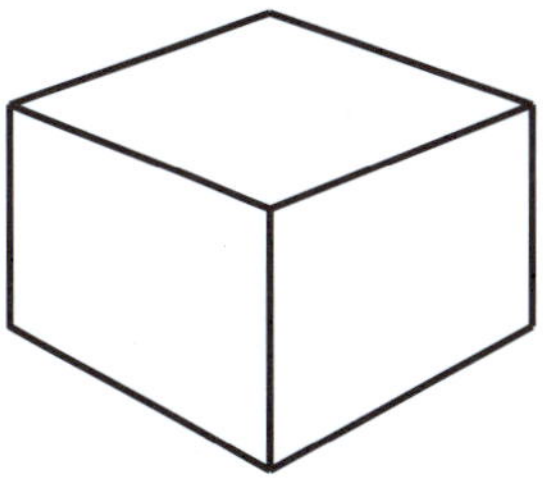

e) Sind alle Linien gebogen?

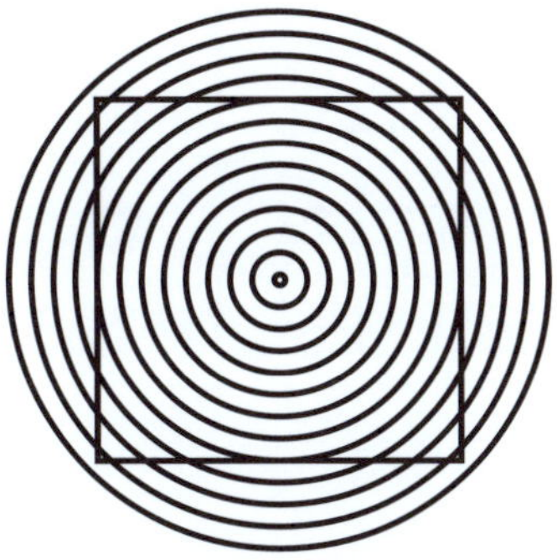

f) Ist Linie 1 oder Linie 2 kürzer?

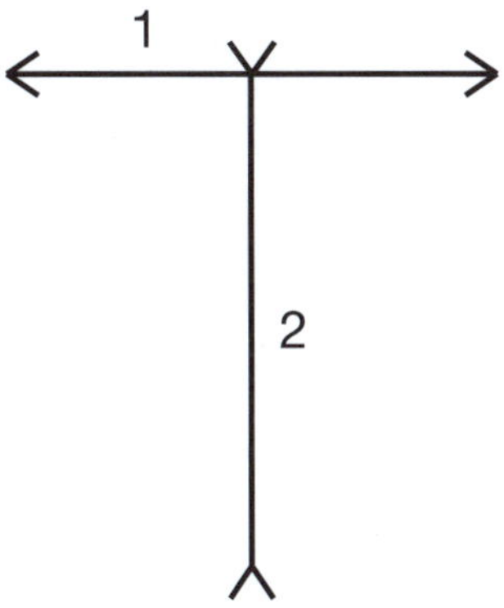

Das kannst du auch noch machen:

2. Zeichne die optischen Täuschungen nach. Sammle sie auf Kartei-Karten.
3. Suche weitere optische Täuschungen im Internet.

Optische Täuschungen (II)

1. Schaue dir die optischen Täuschungen an.
   Vermute zuerst. Überprüfe dann mit Lineal, Geodreieck oder Zirkel.

   a) Welche Linien sind parallel zueinander?

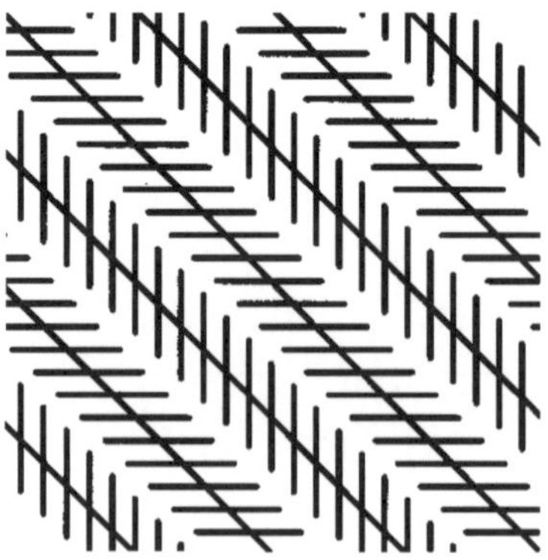

   b) Ist Strecke $\overline{AB}$ oder $\overline{CB}$ länger?

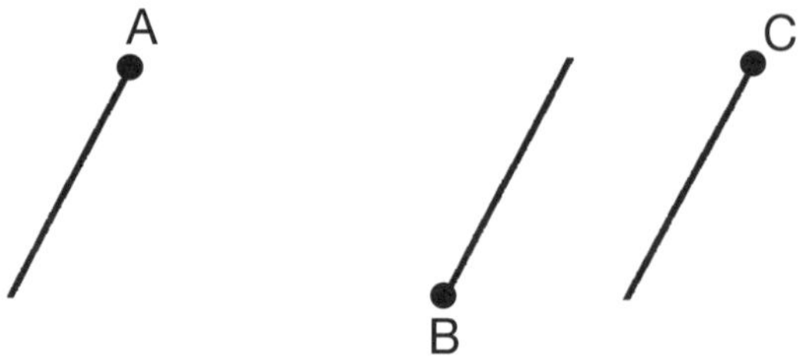

   c) Welche Figur hat sich hier versteckt?

   d) Wohin führt die Treppe, wenn du sie drehst?

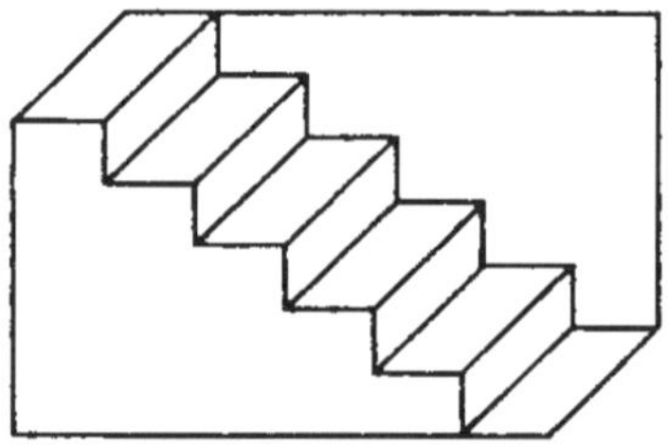

   e) Bewegt sich da was?

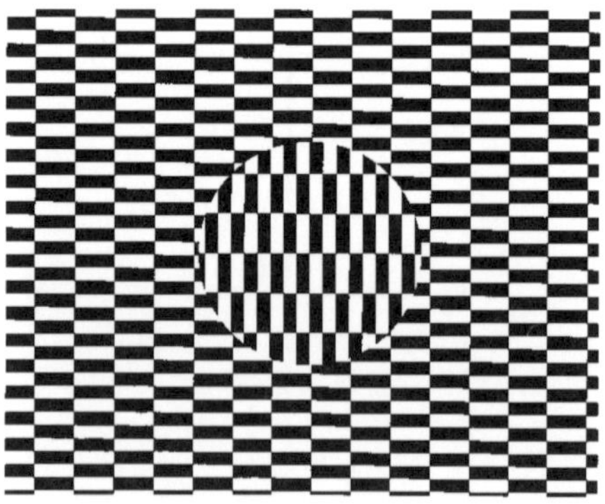

   f) Ist Quadrat 1 oder 2 in der Mitte größer?

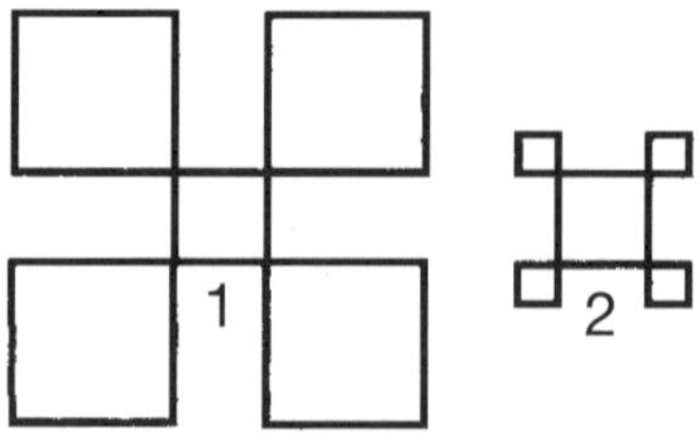

Das kannst du auch noch machen:

2. Zeichne die optischen Täuschungen nach. Sammle sie auf Kartei-Karten.
3. Suche weitere optische Täuschungen im Internet.

Optische Täuschungen (III)

1. Schaue dir die optischen Täuschungen an.
   Vermute zuerst. Überprüfe dann mit Lineal, Geodreieck oder Zirkel.

a) Was siehst du links, was rechts?

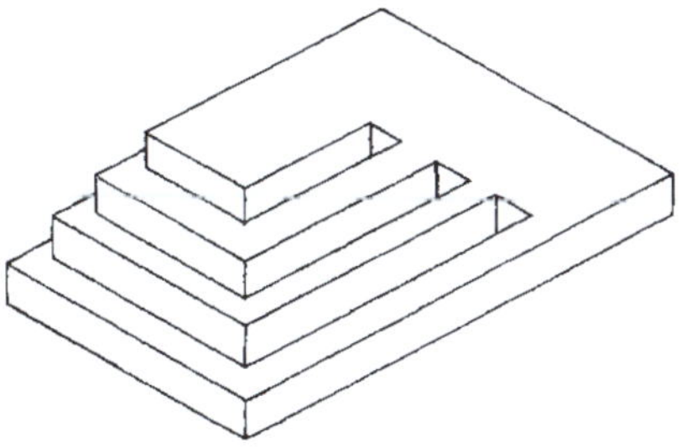

b) Was stimmt hier nicht?

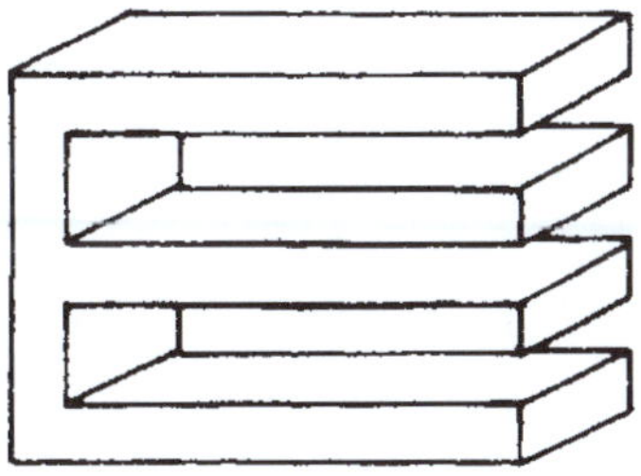

c) Sind die Vierecke keilförmig?

d) Sind die Linien parallel zueinander?

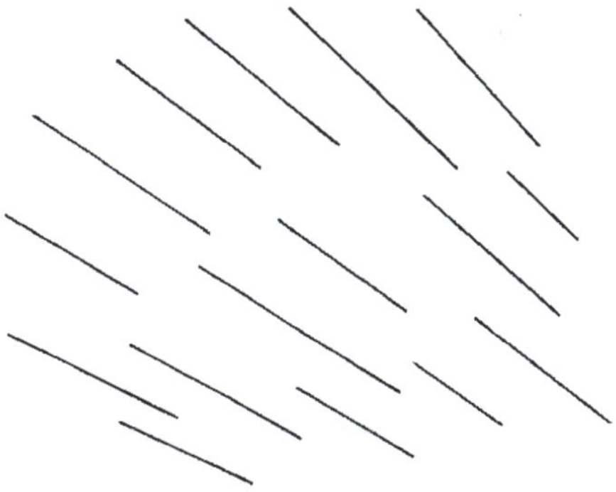

e) Ist Linie 1 oder 2 länger?

f) Sind beide Formen Kreise?

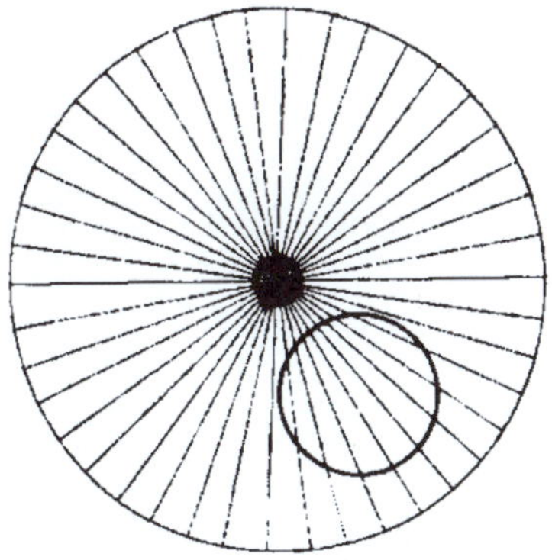

Das kannst du auch noch machen:

2. Zeichne die optischen Täuschungen nach. Sammle sie auf Kartei-Karten.
3. Suche weitere optische Täuschungen im Internet.

Klassenliste zum Abhaken der bestandenen „Zeichengeräte-Führerschein-Prüfungen“

Bronze:
1 Lineal beschreiben
2 Strecken zeichnen (ganze cm)
3 Strecken zeichnen (Kommazahlen)
4 Strecken messen
5 Bilder übertragen
6 Bilder verkleinern
7 Bilder vergrößern

Silber:
1 Strecken zeichnen und messen
2 Geodreieck beschreiben
3 parallele Linien zeichnen
4 parallele Linien und senkrechte Linien überprüfen
5 Winkel zeichnen
6 Winkel messen
7 Faltwinkel und Faltparallele falten

Gold:
1 Strecken zeichnen und messen
2 Geodreieck beschreiben
3 parallele Linien und Winkel zeichnen,Winkel messen
4 Faltwinkel und Faltparallele falten
5 Zirkel und Kreis beschreiben
6 Kreise zeichnen
7 Radius und Durchmesser messen
8 Radius, Durchmesser und Umfang mit Formeln berechnen

Zeichengeräte-Führerschein	Bronze							Silber							Gold							
Schülername	1	2	3	4	5	6	7	1	2	3	4	5	6	7	1	2	3	4	5	6	7	8

Zeichengeräte-Führerschein

Urkunde

für

____

Du kannst deine Zeichengeräte Lineal, Geodreieck und Zirkel beschreiben und gut damit umgehen:

Du kannst Linien, Strecken, Winkel und Kreise zeichnen.
Du kannst Radius und Durchmesser von Kreisen und Strecken und Winkel messen.
Du kannst Bilder übertragen, vergrößern und verkleinern.
Du kannst Faltwinkel und Faltparallele falten.

Toll! Weiter so!

Dein Leo Lineal, deine Gabi Geodreieck und dein Zacharias Zirkel

Tabelle für das „Körperlineal-Spiel“ (S. 16, S. 17)

Was misst du? (Bleistift, Tisch, Schulflur ...)	Körperlineal Womit misst du?	Gemessene Länge	Messgerät Womt misst du zum Vergleich?	Gemessene Länge (in cm)	Stimmen die Längen überein?
Beispiel: Bleistift	Daumenbreite = 2 cm	8 Daumenbreiten = 8 · 2 cm = 16 cm	Lineal	15 cm	Der Unterschied ist 1 cm.

Lösungen

Seite 13
$\overline{AB}$ = gemessen 9,5 cm, $\overline{CD}$ = 11 cm, $\overline{EF}$ = 13,7 cm, $\overline{GH}$ = 16,3 cm, $\overline{IJ}$ = 10,6 cm, $\overline{KL}$ = 6 cm, $\overline{MN}$ = 3,5 cm

Seite 14
$\overline{AB}$ = gemessen 1,5 cm, $\overline{CD}$ = 4,9 cm, $\overline{EF}$ = 4,2 cm, $\overline{GH}$ = 7 cm, $\overline{IJ}$ = 2,5 cm , $\overline{KL}$ = 6,9 cm, $\overline{MN}$ = 9,4 cm, $\overline{OP}$ = 1,7 cm, $\overline{QR}$ = 6,4 cm, $\overline{ST}$ = 7,2 cm, $\overline{UV}$ = 7,4 cm

Seite 15
$\overline{AB}$ + $\overline{BC}$ = Messung 4,8 cm + 6,5 cm = 11,3 cm,
$\overline{DE}$ + $\overline{EF}$ + $\overline{FG}$ = 5,8 cm + 3,9 cm + 4,9 cm = 14,6 cm,
$\overline{HI}$ + $\overline{IJ}$ + $\overline{JK}$ + $\overline{KL}$ = 5,1 cm + 2 cm + 2,9 cm + 8,3 cm = 18,3 cm,
$\overline{MN}$ + $\overline{NO}$ + $\overline{OP}$+ $\overline{PQ}$ + $\overline{QR}$ = 7,2 cm + 4,4 cm + 5,6 cm + 4,4 cm + 4,6 cm = 26,2 cm

Seite 18
1. a) Ich lege einen Wollfaden genau auf die Linie. Dann schneide ich den Faden am Anfang und am Ende der Linie ab, nehme ihn auf und messe die Länge des Fadens mit dem Lineal.
2. gemessen: 10 cm gemessen: 23 cm
   gemessen: 24 cm gemessen: 19 cm

Seite 22
4. $\overline{AB}$ = 4 cm, $\overline{CD}$ = 2,5 cm, $\overline{EF}$ = 1,4 cm, $\overline{GH}$ = 5,8 cm, $\overline{IJ}$ = 1,2 cm, $\overline{KL}$ = 0,6 cm

Seite 24
4. $\overline{AB}$ = 5,5 cm, $\overline{CD}$ = 1,8 cm, $\overline{EF}$ = 0,5 cm, $\overline{GH}$ = 4 cm, $\overline{IJ}$ = 1,3 cm, $\overline{KL}$ = 0,3 cm

Seite 27
3. a) Zwei Kanten stehen beim Geodreieck senkrecht zueinander und bilden einen rechten Winkel.
   Es sind Hilfslinien auf dem Geodreieck, die parallel zueinander sind und Linien, die senkrecht zum Lineal stehen.
   b) Im Klassenraum sind parallel zueinander: die gegenüber liegenden Fußbodenkanten, Deckenkanten, Wandkanten, Fensterkanten, Fensterbrettkanten, Türkanten, Tafelkanten, Tischkanten usw.
   Senkrecht zueinander stehen die Kanten, die eine Ecke bilden: Tischkanten, Türkanten, Fensterkanten, usw.

Seite 28
1. Die Gradskala des Geodreiecks ist die Hälfte des Vollkreises, dessen Gradzahl 360° beträgt. Das Geodreieck hat 2 Gradskalen, innen und außen, die jeweils bis 180° reichen.

Seite 29
1. Lineal: Die 0 liegt an der linken Seite der Skala.
   Geodreieck: Die 0 liegt in der Mitte der Skala und nach beiden Seiten zählen die cm hoch.
2. Die parallelen Hilfslinien. Eine Linie zeichnen, das Geodreieck so verschieben, dass eine Hilfslinie auf der Linie liegt, zweite Linie zeichnen.
3. Eine Strecke zeichnen, Länge = a cm. Eine zweite Strecke zeichnen, die zur ersten senkrecht steht, Länge = b cm. Dazu lege ich die 90°-Markierung des Geodreiecks auf die erste Strecke und die 0 des Geodreiecks auf den Endpunkt der Strecke und beginne bei der 0 mit der zweiten Strecke. Danach eine Strecke zeichnen, die zur zweiten senkrecht steht, Länge = a cm. Als letztes eine Strecke zeichnen, die zur dritten senkrecht steht, Länge = b cm. - Beim Quadrat müssen alle Seiten gleich lang sein, beim Rechteck sind die jeweils gegenüberliegenden Seiten gleich lang. An allen 4 Ecken stehen die Seiten senkrecht zueinander: Die vier Ecken mit der Kennzeichnung für rechte Winkel versehen.

Seite 31
1. $a \parallel b$, $e \parallel f$, $g \parallel h$, $l \parallel n$, $m \parallel o$, $o \parallel z$, $p \parallel q$, $s \parallel u$

Seite 33
2. $a \perp b$, $c \perp d$, $g \perp f$, $f \perp i$, $g \perp h$, $h \perp i$, $j \perp n$, $k \perp l$, $p \perp q$, $r \perp s$, $t \perp u$, $v \perp w$, $x \perp y$, $y \perp z$

Seite 35
a) Winkel = 50°, Außenwinkel = 310 °, b) 25°, 335°, c) 110°, 250°

Seite 36
2. a) Winkel = 31°, spitzer Winkel; Außenwinkel = 329 °, überstumpfer Winkel, b) 360°, Vollwinkel, c) 0°, Nullwinkel, d) 90°, rechter Winkel; 270°, überstumpfer Winkel, e) 180°, gestreckter Winkel; 180° gestreckter Winkel, f) 123°, stumpfer Winkel; 237°, überstumpfer Winkel, g) 225°, überstumpfer Winkel; 135°, stumpfer Winkel

Seite 38

1. $\overline{IJ}$ = 3,5 cm, $\overline{KL}$ = 2 cm, $\overline{MN}$ = 1,8 cm

Seite 39

4. $a \parallel b$, $c \parallel d$, $g \parallel h$, $b \perp n$, $e \perp o$, $h \perp p$
6. a) Innenwinkel = 30 °, Außenwinkel = 330°, b) 360°, d) Innenwinkel = 110 °, Außenwinkel = 250 °

Seite 40

1. $\overline{IJ}$ = 3,4 cm, $\overline{KL}$ = 3 cm, $\overline{MN}$ = 1,5 cm

Seite 41

4. $a \parallel b$, $c \parallel e$, $d \parallel f$, $h \parallel i$, $a \perp l$, $c \perp j$, $g \perp k$
6. a) Innenwinkel = 20 °, Außenwinkel = 340 °, b) Innenwinkel = 90 °, Außenwinkel = 270 °, c) Innenwinkel = 70 °, Außenwinkel = 290 °

Seite 44

3. a) r = 2,5 cm, d = 5 cm, b) r = 2 cm, d = 4 cm, c) r = 4 cm, d = 8 cm, d) r = 1,3 cm, d = 2,6 cm, e) r = 2,2 cm, d = 4,4 cm, f) r = 1,8 cm, d = 3,6 cm

Seite 45

4. a) r = 5 cm, d= 10 cm, b) r = 1,2 cm, d = 2,4 cm, c) r = 2 cm, d= 46 cm
5. Kreis 1: d = 6 cm, Kreis 2: d = 12 cm, Kreis 3: r = 4 cm, Kreis 4: r = 7,5 cm

Seite 46

4. a) r = 2,5 cm, d = 5 cm, b) r = 2 cm, d = 4 cm, c) r = 1,3 cm, d = 2,6 cm, d) r = 1 cm, d = 2 cm, e) r = 1,8 cm, d = 3,6 cm
   a) $U \approx$ 15 cm, b) $U \approx$ 12 cm, c) $U \approx$ 7,8 cm, d) $U \approx$ 6 cm, e) $U \approx$ 10,8 cm,
5. Kreis 1: d = 4 cm, $U \approx$ 12 cm, Kreis 2: d = 10 cm, $U \approx$ 30 cm, Kreis 3: r = 4,5 cm, $U \approx$ 27 cm, Kreis 4: r = 6 cm, $U \approx$ 36 cm

Seite 48

1. IJ = 5,5 cm, KL = 4,8 cm, MN = 0,8 cm

Seite 49

7. a) r = 2,2 cm, d = 4,4 cm, b) r = 2,6 cm, d = 5,2 cm, c) r = 1,5 cm, d = 3 cm
8. Kreis 1: d = 4 cm, Kreis 2: d = 12 cm, $U \approx$ 36 cm, Kreis 3: r = 3,5 cm, $U \approx$ 21 cm, Kreis 4: $r \approx$ 5 cm, $d \approx$ 10 cm

Seite 50

1. $\overline{IJ}$ = 6,1 cm, $\overline{KL}$ = 3,4 cm, $\overline{MN}$ = 1,4 cm

Seite 51

7. a) r = 1,6 cm, d = 3,2 cm, b) r = 2,2 cm, d = 4,4 cm, c) r = 2,5 cm, d = 5 cm
8. Kreis 1: d = 6 cm, Kreis 2: d = 10 cm, $U \approx$ 30 cm, Kreis 3: r = 4,5 cm, $U \approx$ 27 cm, Kreis 4: $r \approx$ 7 cm, $d \approx$ 14 cm

Seite 54

4.

Seite 61

a) Kreis 1 und Kreis 2 sind gleich groß. b) Die Linien in den Kreisen sind parallel. Die Linien außerhalb der Kreise sind schräg und parallel. c) Figur 2 ist ein Quadrat. d) In dieser Figur gibt es keinen rechten Winkel. e) Die Linien des Quadrates sind gerade. f) Linie 1 und Linie 2 sind gleich lang.

Seite 62

a) Alle langen Linien sind parallel zueinander b) Die Strecken $\overline{AB}$ und $\overline{CB}$ sind gleich lang. c) Da hat sich ein Würfel versteckt. d) Diese Treppe führt stets nach links oben. Wenn ich um 90° drehe, führt sie nach rechts oben e) Die „Kugel" scheint sich hervorzuheben. Dennoch ist das Bild zweidimensional. f) Quadrat 1 und Quadrat 2 sind gleich groß.

Seite 63

a) Links siehst du vier Stufen, rechts drei Sackgassen. b) Links siehst du ein „E", aber rechts 4 „Striche". c) Die Viereck-Seiten sind parallel. d) Die Linien sind nicht parallel. e) Linie 1 und Linie 2 sind gleich lang. f) Beide Formen sind Kreise.

Goldener Zeichengeräte-Führerschein	
1 Strecken zeichnen und messen	
2 Geodreieck beschreiben	
3 parallele Linien und Winkel zeichnen, Winkel messen	
4 Faltwinkel und Faltparallele falten	
5 Zirkel und Kreis beschreiben	
6 Kreise zeichnen	
7 Radius und Durchmesser messen	
8 Radius, Durchmesser und Umfang mit Formeln berechnen	

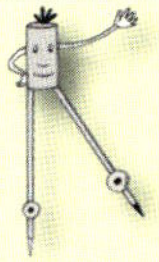

Datum und Unterschrift

Zeichengeräte-Führerschein

Name

Bronzener Zeichengeräte-Führerschein	
1 Lineal beschreiben	
2 Strecken zeichnen (ganze cm)	
3 Strecken zeichnen (Kommazahlen)	
4 Strecken messen	
5 Bilder übertragen	
6 Bilder verkleinern	
7 Bilder vergrößern	

Datum und Unterschrift

Silberner Zeichengeräte-Führerschein	
1 Strecken zeichnen und messen	
2 Geodreieck beschreiben	
3 parallele Linien zeichnen	
4 parallele Linien und senkrechte Linien überprüfen	
5 Winkel zeichnen	
6 Winkel messen	
7 Faltwinkel und Faltparallele falten	

Datum und Unterschrift

Goldener Zeichengeräte-Führerschein	
1 Strecken zeichnen und messen	
2 Geodreieck beschreiben	
3 parallele Linien und Winkel zeichnen, Winkel messen	
4 Faltwinkel und Faltparallele falten	
5 Zirkel und Kreis beschreiben	
6 Kreise zeichnen	
7 Radius und Durchmesser messen	
8 Radius, Durchmesser und Umfang mit Formeln berechnen	

Datum und Unterschrift

Zeichengeräte-Führerschein

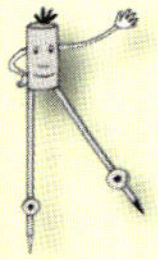

Bronzener Zeichengeräte-Führerschein	
1 Lineal beschreiben	
2 Strecken zeichnen (ganze cm)	
3 Strecken zeichnen (Kommazahlen)	
4 Strecken messen	
5 Bilder übertragen	
6 Bilder verkleinern	
7 Bilder vergrößern	

Datum und Unterschrift

© Brigg Pädagogik Verlag GmbH, Augsburg · Best.Nr. 547 (Buch), 548 (Führerscheine)

Silberner Zeichengeräte-Führerschein	
1 Strecken zeichnen und messen	
2 Geodreieck beschreiben	
3 parallele Linien zeichnen	
4 parallele Linien und senkrechte Linien überprüfen	
5 Winkel zeichnen	
6 Winkel messen	
7 Faltwinkel und Faltparallele falten	

Datum und Unterschrift

Goldener Zeichengeräte-Führerschein

1 Strecken zeichnen und messen	
2 Geodreieck beschreiben	
3 parallele Linien und Winkel zeichnen, Winkel messen	
4 Faltwinkel und Faltparallele falten	
5 Zirkel und Kreis beschreiben	
6 Kreise zeichnen	
7 Radius und Durchmesser messen	
8 Radius, Durchmesser und Umfang mit Formeln berechnen	

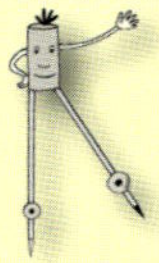

Datum und Unterschrift

Zeichengeräte-Führerschein

Name

Bronzener Zeichengeräte-Führerschein

1 Lineal beschreiben	
2 Strecken zeichnen (ganze cm)	
3 Strecken zeichnen (Kommazahlen)	
4 Strecken messen	
5 Bilder übertragen	
6 Bilder verkleinern	
7 Bilder vergrößern	

Datum und Unterschrift

Silberner Zeichengeräte-Führerschein

1 Strecken zeichnen und messen	
2 Geodreieck beschreiben	
3 parallele Linien zeichnen	
4 parallele Linien und senkrechte Linien überprüfen	
5 Winkel zeichnen	
6 Winkel messen	
7 Faltwinkel und Faltparallele falten	

Datum und Unterschrift

Goldener Zeichengeräte-Führerschein

1 Strecken zeichnen und messen	
2 Geodreieck beschreiben	
3 parallele Linien und Winkel zeichnen, Winkel messen	
4 Faltwinkel und Faltparallele falten	
5 Zirkel und Kreis beschreiben	
6 Kreise zeichnen	
7 Radius und Durchmesser messen	
8 Radius, Durchmesser und Umfang mit Formeln berechnen	

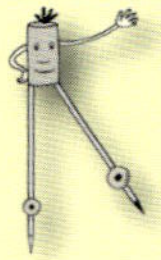

Datum und Unterschrift

Zeichengeräte-Führerschein

Bronzener Zeichengeräte-Führerschein

1 Lineal beschreiben	
2 Strecken zeichnen (ganze cm)	
3 Strecken zeichnen (Kommazahlen)	
4 Strecken messen	
5 Bilder übertragen	
6 Bilder verkleinern	
7 Bilder vergrößern	

Datum und Unterschrift

© Brigg Pädagogik Verlag GmbH, Augsburg · Best.Nr. 547 (Buch), 548 (Führerscheine)

Silberner Zeichengeräte-Führerschein

1 Strecken zeichnen und messen	
2 Geodreieck beschreiben	
3 parallele Linien zeichnen	
4 parallele Linien und senkrechte Linien überprüfen	
5 Winkel zeichnen	
6 Winkel messen	
7 Faltwinkel und Faltparallele falten	

Datum und Unterschrift

Goldener Zeichengeräte-Führerschein

Goldener Zeichengeräte-Führerschein	
1 Strecken zeichnen und messen	
2 Geodreieck beschreiben	
3 parallele Linien und Winkel zeichnen, Winkel messen	
4 Faltwinkel und Faltparallele falten	
5 Zirkel und Kreis beschreiben	
6 Kreise zeichnen	
7 Radius und Durchmesser messen	
8 Radius, Durchmesser und Umfang mit Formeln berechnen	

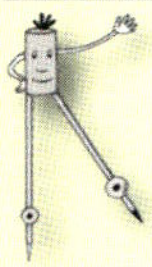

Datum und Unterschrift

Zeichengeräte-Führerschein

Name

Bronzener Zeichengeräte-Führerschein	
1 Lineal beschreiben	
2 Strecken zeichnen (ganze cm)	
3 Strecken zeichnen (Kommazahlen)	
4 Strecken messen	
5 Bilder übertragen	
6 Bilder verkleinern	
7 Bilder vergrößern	

Datum und Unterschrift

Silberner Zeichengeräte-Führerschein	
1 Strecken zeichnen und messen	
2 Geodreieck beschreiben	
3 parallele Linien zeichnen	
4 parallele Linien und senkrechte Linien überprüfen	
5 Winkel zeichnen	
6 Winkel messen	
7 Faltwinkel und Faltparallele falten	

Datum und Unterschrift

Goldener Zeichengeräte-Führerschein	
1 Strecken zeichnen und messen	
2 Geodreieck beschreiben	
3 parallele Linien und Winkel zeichnen, Winkel messen	
4 Faltwinkel und Faltparallele falten	
5 Zirkel und Kreis beschreiben	
6 Kreise zeichnen	
7 Radius und Durchmesser messen	
8 Radius, Durchmesser und Umfang mit Formeln berechnen	

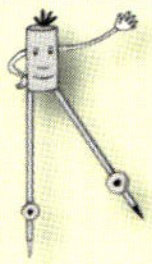

Datum und Unterschrift

Zeichengeräte-Führerschein

Bronzener Zeichengeräte-Führerschein	
1 Lineal beschreiben	
2 Strecken zeichnen (ganze cm)	
3 Strecken zeichnen (Kommazahlen)	
4 Strecken messen	
5 Bilder übertragen	
6 Bilder verkleinern	
7 Bilder vergrößern	

Datum und Unterschrift

Silberner Zeichengeräte-Führerschein	
1 Strecken zeichnen und messen	
2 Geodreieck beschreiben	
3 parallele Linien zeichnen	
4 parallele Linien und senkrechte Linien überprüfen	
5 Winkel zeichnen	
6 Winkel messen	
7 Faltwinkel und Faltparallele falten	

Datum und Unterschrift

Goldener Zeichengeräte-Führerschein	
1 Strecken zeichnen und messen	
2 Geodreieck beschreiben	
3 parallele Linien und Winkel zeichnen, Winkel messen	
4 Faltwinkel und Faltparallele falten	
5 Zirkel und Kreis beschreiben	
6 Kreise zeichnen	
7 Radius und Durchmesser messen	
8 Radius, Durchmesser und Umfang mit Formeln berechnen	

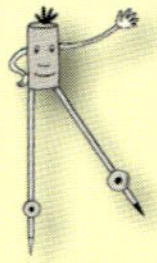

Datum und Unterschrift

Zeichengeräte-Führerschein

Name

Bronzener Zeichengeräte-Führerschein	
1 Lineal beschreiben	
2 Strecken zeichnen (ganze cm)	
3 Strecken zeichnen (Kommazahlen)	
4 Strecken messen	
5 Bilder übertragen	
6 Bilder verkleinern	
7 Bilder vergrößern	

Datum und Unterschrift

Silberner Zeichengeräte-Führerschein	
1 Strecken zeichnen und messen	
2 Geodreieck beschreiben	
3 parallele Linien zeichnen	
4 parallele Linien und senkrechte Linien überprüfen	
5 Winkel zeichnen	
6 Winkel messen	
7 Faltwinkel und Faltparallele falten	

Datum und Unterschrift

Goldener Zeichengeräte-Führerschein	
1 Strecken zeichnen und messen	
2 Geodreieck beschreiben	
3 parallele Linien und Winkel zeichnen, Winkel messen	
4 Faltwinkel und Faltparallele falten	
5 Zirkel und Kreis beschreiben	
6 Kreise zeichnen	
7 Radius und Durchmesser messen	
8 Radius, Durchmesser und Umfang mit Formeln berechnen	

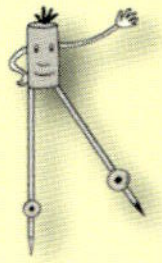

Datum und Unterschrift

Zeichengeräte-Führerschein

Bronzener Zeichengeräte-Führerschein	
1 Lineal beschreiben	
2 Strecken zeichnen (ganze cm)	
3 Strecken zeichnen (Kommazahlen)	
4 Strecken messen	
5 Bilder übertragen	
6 Bilder verkleinern	
7 Bilder vergrößern	

Datum und Unterschrift

© Brigg Pädagogik Verlag GmbH, Augsburg · Best.Nr. 547 (Buch), 548 (Führerscheine)

Silberner Zeichengeräte-Führerschein	
1 Strecken zeichnen und messen	
2 Geodreieck beschreiben	
3 parallele Linien zeichnen	
4 parallele Linien und senkrechte Linien überprüfen	
5 Winkel zeichnen	
6 Winkel messen	
7 Faltwinkel und Faltparallele falten	

Datum und Unterschrift

Goldener Zeichengeräte-Führerschein	
1 Strecken zeichnen und messen	
2 Geodreieck beschreiben	
3 parallele Linien und Winkel zeichnen, Winkel messen	
4 Faltwinkel und Faltparallele falten	
5 Zirkel und Kreis beschreiben	
6 Kreise zeichnen	
7 Radius und Durchmesser messen	
8 Radius, Durchmesser und Umfang mit Formeln berechnen	

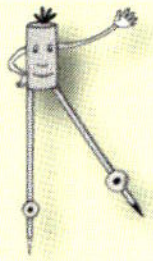

Datum und Unterschrift

Zeichengeräte-Führerschein

Name

Bronzener Zeichengeräte-Führerschein	
1 Lineal beschreiben	
2 Strecken zeichnen (ganze cm)	
3 Strecken zeichnen (Kommazahlen)	
4 Strecken messen	
5 Bilder übertragen	
6 Bilder verkleinern	
7 Bilder vergrößern	

Datum und Unterschrift

Silberner Zeichengeräte-Führerschein	
1 Strecken zeichnen und messen	
2 Geodreieck beschreiben	
3 parallele Linien zeichnen	
4 parallele Linien und senkrechte Linien überprüfen	
5 Winkel zeichnen	
6 Winkel messen	
7 Faltwinkel und Faltparallele falten	

Datum und Unterschrift

Goldener Zeichengeräte-Führerschein	
1 Strecken zeichnen und messen	
2 Geodreieck beschreiben	
3 parallele Linien und Winkel zeichnen, Winkel messen	
4 Faltwinkel und Faltparallele falten	
5 Zirkel und Kreis beschreiben	
6 Kreise zeichnen	
7 Radius und Durchmesser messen	
8 Radius, Durchmesser und Umfang mit Formeln berechnen	

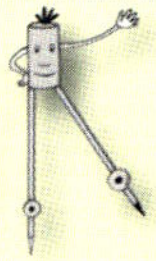

Datum und Unterschrift

Zeichengeräte-Führerschein

Bronzener Zeichengeräte-Führerschein	
1 Lineal beschreiben	
2 Strecken zeichnen (ganze cm)	
3 Strecken zeichnen (Kommazahlen)	
4 Strecken messen	
5 Bilder übertragen	
6 Bilder verkleinern	
7 Bilder vergrößern	

Datum und Unterschrift

© Brigg Pädagogik Verlag GmbH, Augsburg · Best.Nr. 547 (Buch), 548 (Führerscheine)

Silberner Zeichengeräte-Führerschein	
1 Strecken zeichnen und messen	
2 Geodreieck beschreiben	
3 parallele Linien zeichnen	
4 parallele Linien und senkrechte Linien überprüfen	
5 Winkel zeichnen	
6 Winkel messen	
7 Faltwinkel und Faltparallele falten	

Datum und Unterschrift

Goldener Zeichengeräte-Führerschein	
1 Strecken zeichnen und messen	
2 Geodreieck beschreiben	
3 parallele Linien und Winkel zeichnen, Winkel messen	
4 Faltwinkel und Faltparallele falten	
5 Zirkel und Kreis beschreiben	
6 Kreise zeichnen	
7 Radius und Durchmesser messen	
8 Radius, Durchmesser und Umfang mit Formeln berechnen	

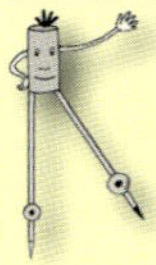

Datum und Unterschrift

Zeichengeräte-Führerschein

Name

Bronzener Zeichengeräte-Führerschein	
1 Lineal beschreiben	
2 Strecken zeichnen (ganze cm)	
3 Strecken zeichnen (Kommazahlen)	
4 Strecken messen	
5 Bilder übertragen	
6 Bilder verkleinern	
7 Bilder vergrößern	

Datum und Unterschrift

Silberner Zeichengeräte-Führerschein	
1 Strecken zeichnen und messen	
2 Geodreieck beschreiben	
3 parallele Linien zeichnen	
4 parallele Linien und senkrechte Linien überprüfen	
5 Winkel zeichnen	
6 Winkel messen	
7 Faltwinkel und Faltparallele falten	

Datum und Unterschrift

Goldener Zeichengeräte-Führerschein	
1 Strecken zeichnen und messen	
2 Geodreieck beschreiben	
3 parallele Linien und Winkel zeichnen, Winkel messen	
4 Faltwinkel und Faltparallele falten	
5 Zirkel und Kreis beschreiben	
6 Kreise zeichnen	
7 Radius und Durchmesser messen	
8 Radius, Durchmesser und Umfang mit Formeln berechnen	

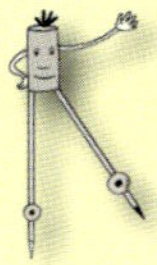

Datum und Unterschrift

Zeichengeräte-Führerschein

Bronzener Zeichengeräte-Führerschein	
1 Lineal beschreiben	
2 Strecken zeichnen (ganze cm)	
3 Strecken zeichnen (Kommazahlen)	
4 Strecken messen	
5 Bilder übertragen	
6 Bilder verkleinern	
7 Bilder vergrößern	

Datum und Unterschrift

© Brigg Pädagogik Verlag GmbH, Augsburg · Best.Nr. 547 (Buch), 548 (Führerscheine)

Silberner Zeichengeräte-Führerschein	
1 Strecken zeichnen und messen	
2 Geodreieck beschreiben	
3 parallele Linien zeichnen	
4 parallele Linien und senkrechte Linien überprüfen	
5 Winkel zeichnen	
6 Winkel messen	
7 Faltwinkel und Faltparallele falten	

Datum und Unterschrift

Goldener Zeichengeräte-Führerschein

1 Strecken zeichnen und messen	
2 Geodreieck beschreiben	
3 parallele Linien und Winkel zeichnen, Winkel messen	
4 Faltwinkel und Faltparallele falten	
5 Zirkel und Kreis beschreiben	
6 Kreise zeichnen	
7 Radius und Durchmesser messen	
8 Radius, Durchmesser und Umfang mit Formeln berechnen	

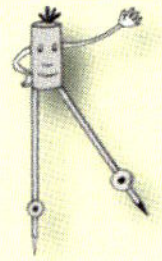

Datum und Unterschrift

Zeichengeräte-Führerschein

Name

Bronzener Zeichengeräte-Führerschein

1 Lineal beschreiben	
2 Strecken zeichnen (ganze cm)	
3 Strecken zeichnen (Kommazahlen)	
4 Strecken messen	
5 Bilder übertragen	
6 Bilder verkleinern	
7 Bilder vergrößern	

Datum und Unterschrift

Silberner Zeichengeräte-Führerschein

1 Strecken zeichnen und messen	
2 Geodreieck beschreiben	
3 parallele Linien zeichnen	
4 parallele Linien und senkrechte Linien überprüfen	
5 Winkel zeichnen	
6 Winkel messen	
7 Faltwinkel und Faltparallele falten	

Datum und Unterschrift

Goldener Zeichengeräte-Führerschein

1 Strecken zeichnen und messen	
2 Geodreieck beschreiben	
3 parallele Linien und Winkel zeichnen, Winkel messen	
4 Faltwinkel und Faltparallele falten	
5 Zirkel und Kreis beschreiben	
6 Kreise zeichnen	
7 Radius und Durchmesser messen	
8 Radius, Durchmesser und Umfang mit Formeln berechnen	

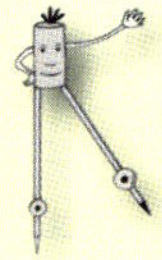

Datum und Unterschrift

Zeichengeräte-Führerschein

Bronzener Zeichengeräte-Führerschein

1 Lineal beschreiben	
2 Strecken zeichnen (ganze cm)	
3 Strecken zeichnen (Kommazahlen)	
4 Strecken messen	
5 Bilder übertragen	
6 Bilder verkleinern	
7 Bilder vergrößern	

Datum und Unterschrift

© Brigg Pädagogik Verlag GmbH, Augsburg · Best.Nr. 547 (Buch), 548 (Führerscheine)

Silberner Zeichengeräte-Führerschein

1 Strecken zeichnen und messen	
2 Geodreieck beschreiben	
3 parallele Linien zeichnen	
4 parallele Linien und senkrechte Linien überprüfen	
5 Winkel zeichnen	
6 Winkel messen	
7 Faltwinkel und Faltparallele falten	

Datum und Unterschrift

Goldener Zeichengeräte-Führerschein

1 Strecken zeichnen und messen	
2 Geodreieck beschreiben	
3 parallele Linien und Winkel zeichnen, Winkel messen	
4 Faltwinkel und Faltparallele falten	
5 Zirkel und Kreis beschreiben	
6 Kreise zeichnen	
7 Radius und Durchmesser messen	
8 Radius, Durchmesser und Umfang mit Formeln berechnen	

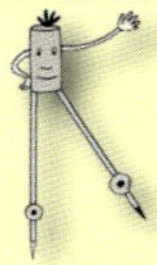

Datum und Unterschrift

Zeichengeräte-Führerschein

Name

Bronzener Zeichengeräte-Führerschein

1 Lineal beschreiben	
2 Strecken zeichnen (ganze cm)	
3 Strecken zeichnen (Kommazahlen)	
4 Strecken messen	
5 Bilder übertragen	
6 Bilder verkleinern	
7 Bilder vergrößern	

Datum und Unterschrift

Silberner Zeichengeräte-Führerschein

1 Strecken zeichnen und messen	
2 Geodreieck beschreiben	
3 parallele Linien zeichnen	
4 parallele Linien und senkrechte Linien überprüfen	
5 Winkel zeichnen	
6 Winkel messen	
7 Faltwinkel und Faltparallele falten	

Datum und Unterschrift

Goldener Zeichengeräte-Führerschein

1 Strecken zeichnen und messen	
2 Geodreieck beschreiben	
3 parallele Linien und Winkel zeichnen, Winkel messen	
4 Faltwinkel und Faltparallele falten	
5 Zirkel und Kreis beschreiben	
6 Kreise zeichnen	
7 Radius und Durchmesser messen	
8 Radius, Durchmesser und Umfang mit Formeln berechnen	

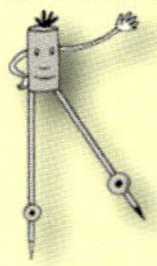

Datum und Unterschrift

Zeichengeräte-Führerschein

Bronzener Zeichengeräte-Führerschein

1 Lineal beschreiben	
2 Strecken zeichnen (ganze cm)	
3 Strecken zeichnen (Kommazahlen)	
4 Strecken messen	
5 Bilder übertragen	
6 Bilder verkleinern	
7 Bilder vergrößern	

Datum und Unterschrift

© Brigg Pädagogik Verlag GmbH, Augsburg · Best.Nr. 547 (Buch), 548 (Führerscheine)

Silberner Zeichengeräte-Führerschein

1 Strecken zeichnen und messen	
2 Geodreieck beschreiben	
3 parallele Linien zeichnen	
4 parallele Linien und senkrechte Linien überprüfen	
5 Winkel zeichnen	
6 Winkel messen	
7 Faltwinkel und Faltparallele falten	

Datum und Unterschrift

Goldener Zeichengeräte-Führerschein	
1 Strecken zeichnen und messen	
2 Geodreieck beschreiben	
3 parallele Linien und Winkel zeichnen, Winkel messen	
4 Faltwinkel und Faltparallele falten	
5 Zirkel und Kreis beschreiben	
6 Kreise zeichnen	
7 Radius und Durchmesser messen	
8 Radius, Durchmesser und Umfang mit Formeln berechnen	

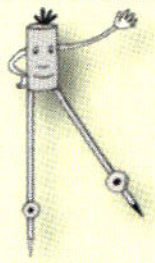

Datum und Unterschrift

Zeichengeräte-Führerschein

Name

Bronzener Zeichengeräte-Führerschein	
1 Lineal beschreiben	
2 Strecken zeichnen (ganze cm)	
3 Strecken zeichnen (Kommazahlen)	
4 Strecken messen	
5 Bilder übertragen	
6 Bilder verkleinern	
7 Bilder vergrößern	

Datum und Unterschrift

Silberner Zeichengeräte-Führerschein	
1 Strecken zeichnen und messen	
2 Geodreieck beschreiben	
3 parallele Linien zeichnen	
4 parallele Linien und senkrechte Linien überprüfen	
5 Winkel zeichnen	
6 Winkel messen	
7 Faltwinkel und Faltparallele falten	

Datum und Unterschrift

Goldener Zeichengeräte-Führerschein	
1 Strecken zeichnen und messen	
2 Geodreieck beschreiben	
3 parallele Linien und Winkel zeichnen, Winkel messen	
4 Faltwinkel und Faltparallele falten	
5 Zirkel und Kreis beschreiben	
6 Kreise zeichnen	
7 Radius und Durchmesser messen	
8 Radius, Durchmesser und Umfang mit Formeln berechnen	

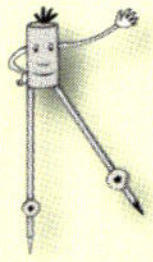

Datum und Unterschrift

Zeichengeräte-Führerschein

Bronzener Zeichengeräte-Führerschein	
1 Lineal beschreiben	
2 Strecken zeichnen (ganze cm)	
3 Strecken zeichnen (Kommazahlen)	
4 Strecken messen	
5 Bilder übertragen	
6 Bilder verkleinern	
7 Bilder vergrößern	

Datum und Unterschrift

© Brigg Pädagogik Verlag GmbH, Augsburg · Best.Nr. 547 (Buch), 548 (Führerscheine)

Silberner Zeichengeräte-Führerschein	
1 Strecken zeichnen und messen	
2 Geodreieck beschreiben	
3 parallele Linien zeichnen	
4 parallele Linien und senkrechte Linien überprüfen	
5 Winkel zeichnen	
6 Winkel messen	
7 Faltwinkel und Faltparallele falten	

Datum und Unterschrift

Goldener Zeichengeräte-Führerschein	
1 Strecken zeichnen und messen	
2 Geodreieck beschreiben	
3 parallele Linien und Winkel zeichnen, Winkel messen	
4 Faltwinkel und Faltparallele falten	
5 Zirkel und Kreis beschreiben	
6 Kreise zeichnen	
7 Radius und Durchmesser messen	
8 Radius, Durchmesser und Umfang mit Formeln berechnen	

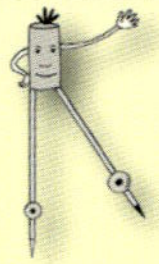

Datum und Unterschrift

Zeichengeräte-Führerschein

Name

Bronzener Zeichengeräte-Führerschein	
1 Lineal beschreiben	
2 Strecken zeichnen (ganze cm)	
3 Strecken zeichnen (Kommazahlen)	
4 Strecken messen	
5 Bilder übertragen	
6 Bilder verkleinern	
7 Bilder vergrößern	

Datum und Unterschrift

Silberner Zeichengeräte-Führerschein	
1 Strecken zeichnen und messen	
2 Geodreieck beschreiben	
3 parallele Linien zeichnen	
4 parallele Linien und senkrechte Linien überprüfen	
5 Winkel zeichnen	
6 Winkel messen	
7 Faltwinkel und Faltparallele falten	

Datum und Unterschrift

Goldener Zeichengeräte-Führerschein	
1 Strecken zeichnen und messen	
2 Geodreieck beschreiben	
3 parallele Linien und Winkel zeichnen, Winkel messen	
4 Faltwinkel und Faltparallele falten	
5 Zirkel und Kreis beschreiben	
6 Kreise zeichnen	
7 Radius und Durchmesser messen	
8 Radius, Durchmesser und Umfang mit Formeln berechnen	

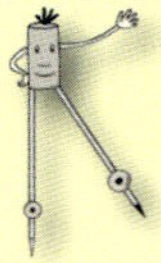

Datum und Unterschrift

Zeichengeräte-Führerschein

Bronzener Zeichengeräte-Führerschein	
1 Lineal beschreiben	
2 Strecken zeichnen (ganze cm)	
3 Strecken zeichnen (Kommazahlen)	
4 Strecken messen	
5 Bilder übertragen	
6 Bilder verkleinern	
7 Bilder vergrößern	

Datum und Unterschrift

© Brigg Pädagogik Verlag GmbH, Augsburg · Best.Nr. 547 (Buch), 548 (Führerscheine)

Silberner Zeichengeräte-Führerschein	
1 Strecken zeichnen und messen	
2 Geodreieck beschreiben	
3 parallele Linien zeichnen	
4 parallele Linien und senkrechte Linien überprüfen	
5 Winkel zeichnen	
6 Winkel messen	
7 Faltwinkel und Faltparallele falten	

Datum und Unterschrift

Goldener Zeichengeräte-Führerschein	
1 Strecken zeichnen und messen	
2 Geodreieck beschreiben	
3 parallele Linien und Winkel zeichnen, Winkel messen	
4 Faltwinkel und Faltparallele falten	
5 Zirkel und Kreis beschreiben	
6 Kreise zeichnen	
7 Radius und Durchmesser messen	
8 Radius, Durchmesser und Umfang mit Formeln berechnen	

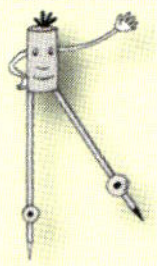

Datum und Unterschrift

Zeichengeräte-Führerschein

Name

Bronzener Zeichengeräte-Führerschein	
1 Lineal beschreiben	
2 Strecken zeichnen (ganze cm)	
3 Strecken zeichnen (Kommazahlen)	
4 Strecken messen	
5 Bilder übertragen	
6 Bilder verkleinern	
7 Bilder vergrößern	

Datum und Unterschrift

Silberner Zeichengeräte-Führerschein	
1 Strecken zeichnen und messen	
2 Geodreieck beschreiben	
3 parallele Linien zeichnen	
4 parallele Linien und senkrechte Linien überprüfen	
5 Winkel zeichnen	
6 Winkel messen	
7 Faltwinkel und Faltparallele falten	

Datum und Unterschrift

Goldener Zeichengeräte-Führerschein	
1 Strecken zeichnen und messen	
2 Geodreieck beschreiben	
3 parallele Linien und Winkel zeichnen, Winkel messen	
4 Faltwinkel und Faltparallele falten	
5 Zirkel und Kreis beschreiben	
6 Kreise zeichnen	
7 Radius und Durchmesser messen	
8 Radius, Durchmesser und Umfang mit Formeln berechnen	

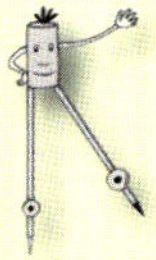

Datum und Unterschrift

Zeichengeräte-Führerschein

Bronzener Zeichengeräte-Führerschein	
1 Lineal beschreiben	
2 Strecken zeichnen (ganze cm)	
3 Strecken zeichnen (Kommazahlen)	
4 Strecken messen	
5 Bilder übertragen	
6 Bilder verkleinern	
7 Bilder vergrößern	

Datum und Unterschrift

© Brigg Pädagogik Verlag GmbH, Augsburg · Best.Nr. 547 (Buch), 548 (Führerscheine)

Silberner Zeichengeräte-Führerschein	
1 Strecken zeichnen und messen	
2 Geodreieck beschreiben	
3 parallele Linien zeichnen	
4 parallele Linien und senkrechte Linien überprüfen	
5 Winkel zeichnen	
6 Winkel messen	
7 Faltwinkel und Faltparallele falten	

Datum und Unterschrift

Goldener Zeichengeräte-Führerschein

1 Strecken zeichnen und messen	
2 Geodreieck beschreiben	
3 parallele Linien und Winkel zeichnen, Winkel messen	
4 Faltwinkel und Faltparallele falten	
5 Zirkel und Kreis beschreiben	
6 Kreise zeichnen	
7 Radius und Durchmesser messen	
8 Radius, Durchmesser und Umfang mit Formeln berechnen	

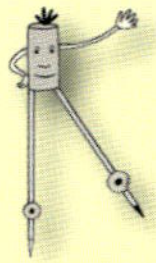

Datum und Unterschrift

Zeichengeräte-Führerschein

Name

Bronzener Zeichengeräte-Führerschein

1 Lineal beschreiben	
2 Strecken zeichnen (ganze cm)	
3 Strecken zeichnen (Kommazahlen)	
4 Strecken messen	
5 Bilder übertragen	
6 Bilder verkleinern	
7 Bilder vergrößern	

Datum und Unterschrift

Silberner Zeichengeräte-Führerschein

1 Strecken zeichnen und messen	
2 Geodreieck beschreiben	
3 parallele Linien zeichnen	
4 parallele Linien und senkrechte Linien überprüfen	
5 Winkel zeichnen	
6 Winkel messen	
7 Faltwinkel und Faltparallele falten	

Datum und Unterschrift

Goldener Zeichengeräte-Führerschein

1 Strecken zeichnen und messen	
2 Geodreieck beschreiben	
3 parallele Linien und Winkel zeichnen, Winkel messen	
4 Faltwinkel und Faltparallele falten	
5 Zirkel und Kreis beschreiben	
6 Kreise zeichnen	
7 Radius und Durchmesser messen	
8 Radius, Durchmesser und Umfang mit Formeln berechnen	

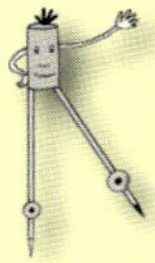

Datum und Unterschrift

Zeichengeräte-Führerschein

Bronzener Zeichengeräte-Führerschein

1 Lineal beschreiben	
2 Strecken zeichnen (ganze cm)	
3 Strecken zeichnen (Kommazahlen)	
4 Strecken messen	
5 Bilder übertragen	
6 Bilder verkleinern	
7 Bilder vergrößern	

Datum und Unterschrift

© Brigg Pädagogik Verlag GmbH, Augsburg · Best.Nr. 547 (Buch), 548 (Führerscheine)

Silberner Zeichengeräte-Führerschein

1 Strecken zeichnen und messen	
2 Geodreieck beschreiben	
3 parallele Linien zeichnen	
4 parallele Linien und senkrechte Linien überprüfen	
5 Winkel zeichnen	
6 Winkel messen	
7 Faltwinkel und Faltparallele falten	

Datum und Unterschrift

Goldener Zeichengeräte-Führerschein

1 Strecken zeichnen und messen	
2 Geodreieck beschreiben	
3 parallele Linien und Winkel zeichnen, Winkel messen	
4 Faltwinkel und Faltparallele falten	
5 Zirkel und Kreis beschreiben	
6 Kreise zeichnen	
7 Radius und Durchmesser messen	
8 Radius, Durchmesser und Umfang mit Formeln berechnen	

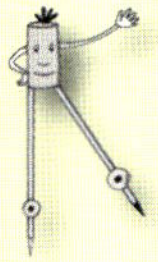

Datum und Unterschrift

Zeichengeräte-Führerschein

Name

Bronzener Zeichengeräte-Führerschein

1 Lineal beschreiben	
2 Strecken zeichnen (ganze cm)	
3 Strecken zeichnen (Kommazahlen)	
4 Strecken messen	
5 Bilder übertragen	
6 Bilder verkleinern	
7 Bilder vergrößern	

Datum und Unterschrift

Silberner Zeichengeräte-Führerschein

1 Strecken zeichnen und messen	
2 Geodreieck beschreiben	
3 parallele Linien zeichnen	
4 parallele Linien und senkrechte Linien überprüfen	
5 Winkel zeichnen	
6 Winkel messen	
7 Faltwinkel und Faltparallele falten	

Datum und Unterschrift

Goldener Zeichengeräte-Führerschein

1 Strecken zeichnen und messen	
2 Geodreieck beschreiben	
3 parallele Linien und Winkel zeichnen, Winkel messen	
4 Faltwinkel und Faltparallele falten	
5 Zirkel und Kreis beschreiben	
6 Kreise zeichnen	
7 Radius und Durchmesser messen	
8 Radius, Durchmesser und Umfang mit Formeln berechnen	

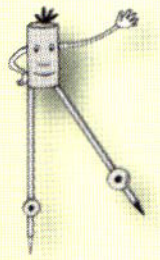

Datum und Unterschrift

Zeichengeräte-Führerschein

Bronzener Zeichengeräte-Führerschein

1 Lineal beschreiben	
2 Strecken zeichnen (ganze cm)	
3 Strecken zeichnen (Kommazahlen)	
4 Strecken messen	
5 Bilder übertragen	
6 Bilder verkleinern	
7 Bilder vergrößern	

Datum und Unterschrift

© Brigg Pädagogik Verlag GmbH, Augsburg · Best.Nr. 547 (Buch), 548 (Führerscheine)

Silberner Zeichengeräte-Führerschein

1 Strecken zeichnen und messen	
2 Geodreieck beschreiben	
3 parallele Linien zeichnen	
4 parallele Linien und senkrechte Linien überprüfen	
5 Winkel zeichnen	
6 Winkel messen	
7 Faltwinkel und Faltparallele falten	

Datum und Unterschrift

Goldener Zeichengeräte-Führerschein

Goldener Zeichengeräte-Führerschein	
1 Strecken zeichnen und messen	
2 Geodreieck beschreiben	
3 parallele Linien und Winkel zeichnen, Winkel messen	
4 Faltwinkel und Faltparallele falten	
5 Zirkel und Kreis beschreiben	
6 Kreise zeichnen	
7 Radius und Durchmesser messen	
8 Radius, Durchmesser und Umfang mit Formeln berechnen	

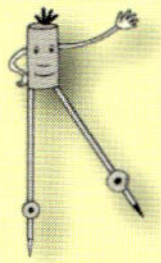

Datum und Unterschrift

Zeichengeräte-Führerschein

Name

Bronzener Zeichengeräte-Führerschein

Bronzener Zeichengeräte-Führerschein	
1 Lineal beschreiben	
2 Strecken zeichnen (ganze cm)	
3 Strecken zeichnen (Kommazahlen)	
4 Strecken messen	
5 Bilder übertragen	
6 Bilder verkleinern	
7 Bilder vergrößern	

Datum und Unterschrift

Silberner Zeichengeräte-Führerschein

Silberner Zeichengeräte-Führerschein	
1 Strecken zeichnen und messen	
2 Geodreieck beschreiben	
3 parallele Linien zeichnen	
4 parallele Linien und senkrechte Linien überprüfen	
5 Winkel zeichnen	
6 Winkel messen	
7 Faltwinkel und Faltparallele falten	

Datum und Unterschrift

Goldener Zeichengeräte-Führerschein

Goldener Zeichengeräte-Führerschein	
1 Strecken zeichnen und messen	
2 Geodreieck beschreiben	
3 parallele Linien und Winkel zeichnen, Winkel messen	
4 Faltwinkel und Faltparallele falten	
5 Zirkel und Kreis beschreiben	
6 Kreise zeichnen	
7 Radius und Durchmesser messen	
8 Radius, Durchmesser und Umfang mit Formeln berechnen	

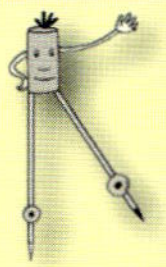

Datum und Unterschrift

Zeichengeräte-Führerschein

Bronzener Zeichengeräte-Führerschein	
1 Lineal beschreiben	
2 Strecken zeichnen (ganze cm)	
3 Strecken zeichnen (Kommazahlen)	
4 Strecken messen	
5 Bilder übertragen	
6 Bilder verkleinern	
7 Bilder vergrößern	

Datum und Unterschrift

© Brigg Pädagogik Verlag GmbH, Augsburg · Best.Nr. 547 (Buch), 548 (Führerscheine)

Silberner Zeichengeräte-Führerschein	
1 Strecken zeichnen und messen	
2 Geodreieck beschreiben	
3 parallele Linien zeichnen	
4 parallele Linien und senkrechte Linien überprüfen	
5 Winkel zeichnen	
6 Winkel messen	
7 Faltwinkel und Faltparallele falten	

Datum und Unterschrift

Goldener Zeichengeräte-Führerschein	
1 Strecken zeichnen und messen	
2 Geodreieck beschreiben	
3 parallele Linien und Winkel zeichnen, Winkel messen	
4 Faltwinkel und Faltparallele falten	
5 Zirkel und Kreis beschreiben	
6 Kreise zeichnen	
7 Radius und Durchmesser messen	
8 Radius, Durchmesser und Umfang mit Formeln berechnen	

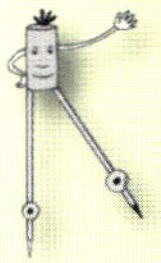

Datum und Unterschrift

Zeichengeräte-Führerschein

Name

Bronzener Zeichengeräte-Führerschein	
1 Lineal beschreiben	
2 Strecken zeichnen (ganze cm)	
3 Strecken zeichnen (Kommazahlen)	
4 Strecken messen	
5 Bilder übertragen	
6 Bilder verkleinern	
7 Bilder vergrößern	

Datum und Unterschrift

Silberner Zeichengeräte-Führerschein	
1 Strecken zeichnen und messen	
2 Geodreieck beschreiben	
3 parallele Linien zeichnen	
4 parallele Linien und senkrechte Linien überprüfen	
5 Winkel zeichnen	
6 Winkel messen	
7 Faltwinkel und Faltparallele falten	

Datum und Unterschrift

Goldener Zeichengeräte-Führerschein	
1 Strecken zeichnen und messen	
2 Geodreieck beschreiben	
3 parallele Linien und Winkel zeichnen, Winkel messen	
4 Faltwinkel und Faltparallele falten	
5 Zirkel und Kreis beschreiben	
6 Kreise zeichnen	
7 Radius und Durchmesser messen	
8 Radius, Durchmesser und Umfang mit Formeln berechnen	

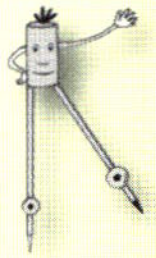

Datum und Unterschrift

Zeichengeräte-Führerschein

Bronzener Zeichengeräte-Führerschein	
1 Lineal beschreiben	
2 Strecken zeichnen (ganze cm)	
3 Strecken zeichnen (Kommazahlen)	
4 Strecken messen	
5 Bilder übertragen	
6 Bilder verkleinern	
7 Bilder vergrößern	

Datum und Unterschrift

© Brigg Pädagogik Verlag GmbH, Augsburg · Best.Nr. 547 (Buch), 548 (Führerscheine)

Silberner Zeichengeräte-Führerschein	
1 Strecken zeichnen und messen	
2 Geodreieck beschreiben	
3 parallele Linien zeichnen	
4 parallele Linien und senkrechte Linien überprüfen	
5 Winkel zeichnen	
6 Winkel messen	
7 Faltwinkel und Faltparallele falten	

Datum und Unterschrift

Goldener Zeichengeräte-Führerschein

1 Strecken zeichnen und messen	
2 Geodreieck beschreiben	
3 parallele Linien und Winkel zeichnen, Winkel messen	
4 Faltwinkel und Faltparallele falten	
5 Zirkel und Kreis beschreiben	
6 Kreise zeichnen	
7 Radius und Durchmesser messen	
8 Radius, Durchmesser und Umfang mit Formeln berechnen	

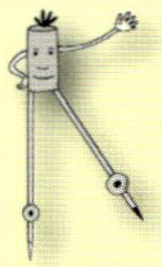

Datum und Unterschrift

Zeichengeräte-Führerschein

Name

Bronzener Zeichengeräte-Führerschein

1 Lineal beschreiben	
2 Strecken zeichnen (ganze cm)	
3 Strecken zeichnen (Kommazahlen)	
4 Strecken messen	
5 Bilder übertragen	
6 Bilder verkleinern	
7 Bilder vergrößern	

Datum und Unterschrift

Silberner Zeichengeräte-Führerschein

1 Strecken zeichnen und messen	
2 Geodreieck beschreiben	
3 parallele Linien zeichnen	
4 parallele Linien und senkrechte Linien überprüfen	
5 Winkel zeichnen	
6 Winkel messen	
7 Faltwinkel und Faltparallele falten	

Datum und Unterschrift

Goldener Zeichengeräte-Führerschein

1 Strecken zeichnen und messen	
2 Geodreieck beschreiben	
3 parallele Linien und Winkel zeichnen, Winkel messen	
4 Faltwinkel und Faltparallele falten	
5 Zirkel und Kreis beschreiben	
6 Kreise zeichnen	
7 Radius und Durchmesser messen	
8 Radius, Durchmesser und Umfang mit Formeln berechnen	

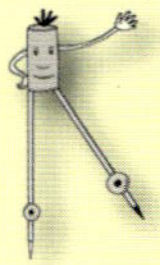

Datum und Unterschrift

Zeichengeräte-Führerschein

Bronzener Zeichengeräte-Führerschein

1 Lineal beschreiben	
2 Strecken zeichnen (ganze cm)	
3 Strecken zeichnen (Kommazahlen)	
4 Strecken messen	
5 Bilder übertragen	
6 Bilder verkleinern	
7 Bilder vergrößern	

Datum und Unterschrift

© Brigg Pädagogik Verlag GmbH, Augsburg · Best.Nr. 547 (Buch), 548 (Führerscheine)

Silberner Zeichengeräte-Führerschein

1 Strecken zeichnen und messen	
2 Geodreieck beschreiben	
3 parallele Linien zeichnen	
4 parallele Linien und senkrechte Linien überprüfen	
5 Winkel zeichnen	
6 Winkel messen	
7 Faltwinkel und Faltparallele falten	

Datum und Unterschrift